Cywain | Harvest

NERYS HOWELL

Argraffiad cyntaf: 2023

© Hawlfraint yr awdur a'r Lolfa Cyf., 2023

Mae hawlfraint ar gynnwys y llyfr hwn ac mae'n anghyfreithlon llungopïo neu atgynhyrchu unrhyw ran ohono trwy unrhyw ddull ac at unrhyw bwrpas (ar wahân i adolygu) heb gytundeb ysgrifenedig y cyhoeddwyr ymlaen llaw.

Dymuna'r cyhoeddwyr gydnabod cymorth ariannol
Cyngor Llyfrau Cymru

Lluniau'r clawr: Phil Boorman
Cynllun y clawr: Dylunio GraffEG

Rhif Llyfr Rhyngwladol: 978 1 80099 386 0

Cyhoeddwyd, rhwymwyd ac argraffwyd yng Nghymru gan
Y Lolfa Cyf., Talybont, Ceredigion SY24 5HE
gwefan www.ylolfa.com
e-bost ylolfa@ylolfa.com
ffôn 01970 832 304

First impression: 2023

© Copyright the author and Y Lolfa Cyf., 2023

The contents of this book are subject to copyright, and may not be reproduced by any means, mechanical or electronic, without the prior, written consent of the publishers.

The publishers wish to acknowledge the support
of the Books Council of Wales

Cover photos: Phil Boorman
Cover design: Dylunio GraffEG

ISBN: 978 1 80099 386 0

Published, bound and printed in Wales by
Y Lolfa Cyf., Talybont, Ceredigion SY24 5HE
website www.ylolfa.com
e-mail ylolfa@ylolfa.com
tel 01970 832 304

DIOLCHIADAU

Rwy'n hynod ddiolchgar i bawb fu'n rhan o'r broses o baratoi'r llyfr, yn enwedig i 'nheulu a'm ffrindiau oedd mor gefnogol gyda'u cyngor a'u hawgrymiadau ac mor barod i flasu'r holl brydau dro ar ôl tro wrth i mi eu profi! Diolch i Elin, Siw, Reg, Gwenda a Sadie am eu hysbrydoliaeth ac i Kate am fenthyg y 'gyllell a fforc' ar y clawr!

Diolch i'r garddwyr y bues i'n ffodus i gwrdd â nhw ar y siwrne, a chael cyfle i werthfawrogi eu gwaith o ofalu am ein tir a rhannu gwahanol ffyrdd o dyfu ffrwythau a llysiau yng Nghymru.

Diolch i'r Lolfa ac i Meleri Wyn James a Huw Meirion Edwards am yr holl waith golygu ac i Dylunio GraffEG am y dylunio rhagorol, ac yn arbennig i Phil Boorman am ei waith safonol.

Diolch i Lywodraeth Cymru, Helgig Cymru a Hybu Cig Cymru am ganiatâd i ddefnyddio rhai lluniau, ac i Amgueddfa Werin Cymru, Sain Ffagan am ganiatáu i ni dynnu lluniau yn eu gerddi godidog.

ACKNOWLEDGMENTS

I am extremely grateful to everyone who was involved in the process of developing this book, especially to friends and family who were always so supportive and happy to offer advice and suggestions and to taste all the recipes time and time again as they were tested! Thank you to Elin, Siw, Reg, Gwenda and Sadie for their inspiration and to Kate for lending the 'knife and fork' on the cover!

Thank you to all the gardeners I was fortunate to meet on the journey, and for the opportunity to appreciate their work of tending to the land and for sharing the different ways of growing fruit and vegetables in Wales.

Thank you to Y Lolfa and to Meleri Wyn James and Huw Meirion Edwards for all their editorial work, to Dylunio GraffEG for the brilliant design and a special thank you to the talented Phil Boorman for his stunning photography!

Thank you to the Welsh Government, Game Meat Wales and Meat Promotion Wales for their permission to use some images, and to St Fagans National Museum of History for allowing us to photograph in their stunning gardens.

Cywain | Harvest

Bach hedyn pob mawredd

Tyfu a chynaeafu

Rwy'n gogydd sy'n garddio ac yn mwynhau tyfu a chynaeafu ffrwythau a llysiau organig. Mae'n broses sy'n rhoi boddhad i mi ac mae treulio amser yn yr ardd yn ffordd i'n hailgysylltu ni â'r tir, yn ogystal â bod yn ddiddordeb adferol. Does dim gwell teimlad na chynaeafu'r bwydydd mwyaf ffres, rhai sy'n llawn blas y tymor a hynny gyda chyn lleied â phosib o effaith ar yr amgylchedd.

Mae'r llyfr ryseitiau hwn yn ddilyniant naturiol i'r gyfrol flaenorol, *Bwyd Cymru yn ei Dymor*, oedd yn canobwyntio ar fwyta'n lleol ac yn dymhorol gan ddefnyddio bwydydd ffres, safonol a'r rheini felly yn llawn maeth. Does dim byd mwy cynaliadwy, mwy lleol, mwy tymhorol na defnyddio'r hyn rydym wedi ei dyfu ein hunain a dyna yw prif neges *Cywain*, sef casglu'r cynhaeaf. Yn rhai o'r ryseitiau hyn, defnyddir rhannau o'r planhigion sydd fel arfer yn cael eu taflu i ddangos bod modd lleihau gwastraff trwy fwyta'r planhigyn i gyd 'o'r gwreiddyn i'r ffrwythau'.

Mae'n ddathliad o rai o'r prif blanhigion bwytadwy – teulu'r winwns, dail, llysiau gwraidd a phwmpenni, llysiau'r haf a ffrwythau ynghyd â detholiad o ryseitiau blasus a fydd, gobeithio, yn eich ysbrydoli i goginio gyda chynnyrch ffres a thymhorol. Prif bwrpas y llyfr yw annog pobl i fwyta ffrwythau a llysiau ym mhob pryd ac i baratoi bwyd mewn ffordd syml – po leiaf ry'ch chi'n ei wneud iddyn nhw, gorau i gyd. Mae'r bwyd yn llawn blas y cynhwysion amrwd.

Rwy'n gobeithio perswadio'r rheini ohonoch sy'n amheus ynglŷn â bwyta helgig i drio'r cig cynaliadwy hwn ac rwy wedi cynnwys sawl rysáit helgig yn y llyfr. Mae'r anifeiliaid hyn yn byw bywyd gweithgar ac yn pori ar ddeiet gwyllt. Mae'r cig yn fwy coch gyda llai o fraster ac mae iddo flas unigryw oherwydd hynny. Fel y dywedodd y cogydd Gareth Johns, 'mae ffesant yn blasu'n debyg i sut byddai cyw iâr yn arfer blasu', felly beth am roi cynnig arno?

Nerys Howell
Hydref 2023

Ble mae dechrau...

Rwy wedi dysgu o brofiad ei bod hi'n well cynllunio cyn plannu, gan ddewis y planhigion ry'ch chi'n eu bwyta'n rheolaidd ac sy'n dymhorol cyn rhannu'r lle yn yr ardd yn ôl yr hyn ry'ch chi'n ei fwyta. Mae'n amhosib tyfu popeth oni bai bod gennych ardd enfawr ac er mwyn cael y gorau o ddarn bach o dir, a hynny pan mae amser yn brin, mae'n well meddwl am werth y tir sydd ar gael. Hynny yw, amcangyfrif maint y cynhaeaf a gynhyrchir yn ôl pob metr sgwâr, yr amser rhwng plannu a chynaeafu, maint pob cynhaeaf, y gost a'r gwahaniaeth blas rhwng cynnyrch siop a'r hyn a dyfwyd gartref.

Efallai nad planhigion fel pwmpenni, bresych a chorn melys yw'r rhai gorau i'w tyfu mewn gardd fach. Maen nhw angen tipyn o le i dyfu ond yn cynnig cynhaeaf mor fach. Un o sgiliau mwyaf gwerthfawr garddio yw defnyddio'r tir ar hyd y flwyddyn er mwyn creu cynhaeaf cyson, gan osgoi prinder a gormodedd. Wrth gynllunio dylid meddwl am y cnydau sy'n tyfu'n araf fel wylys, ysgewyll, bresych, seleriac, moron prif gnwd, garlleg, salsiffi, swêds, pupur melys a chnydau cynnar fel betys, rhuddygl, moron cynnar, ffa Ffrengig bychain, ysbigoglys, pys cynnar, tatws newydd, berwr y gerddi, letys yr haf a maip.

Mae'n well gen i blannu mathau 'torri a thyfu eto' fel letys, dail salad, perlysiau, a dail gwyrdd fel betys arian, *cavolo nero*, cêl ac ysbigoglys. Casglwch ychydig bach yn aml gan dorri'r dail allanol gyntaf a gadael y galon yn gyfan tan fod y planhigyn yn bygwth boldeuo, ac yna tynnwch y galon. Planhigion eraill yn y categori hwn yw corbwmpenni, tomatos, ciwcymbrs bach, ffa dringo a ffa Ffrengig, pys melys a riwbob.

Growing and harvesting

I am a cook who gardens and enjoys growing and harvesting organically grown fruit and vegetables. I find this a very rewarding process and spending time outside reconnects me with the land as well as being a restorative hobby. Harvest time provides a huge sense of achievement, enjoying the freshest food from the garden full of seasonal flavour with minimum impact on the environment.

This book is a natural progression from my previous book *Welsh Food by Season* which was about eating locally and seasonally resulting in fresher, better quality and more nutritious foods. Nothing is more local, more seasonal or more sustainable than using what we grow, which is the central message of *Harvest*. Some of the recipes use parts of the plants usually discarded, to show that you can often use the whole plant, a 'root to fruit' approach to growing and cooking, minimising waste.

This is a celebration of some of the main edible plants – alliums, brassicas, root vegetables and squash, summer vegetables and fruit along with recipes which I hope will inspire you to cook with fresh, seasonal produce. The book's main purpose is to champion fruit and vegetables at every meal which lends itself to simplicity – the less you do with them the better, so that the food is alive with the flavour of the raw ingredients.

I'm also hoping to convert a few sceptics to eating more game as it is a sustainable meat, and have included some game recipes in the book. The animals live an active life, foraging on a wild diet meaning their muscles are more developed, resulting in leaner meat with flavours influenced by nutritious foraging. As chef Gareth Johns points out, 'pheasant tastes like chicken used to', so why not give it a try?

Nerys Howell
October 2023

Where to start...

I have learnt from experience that it is best to plan before you plant, choosing plants you eat regularly and seasonally before allocating space in your garden according to what you eat. Unless you have a very large garden it will be impossible to grow everything, and to get the most out of a small plot, with minimum time, you need to consider value for space. That is, calculating the harvest produced per square metre and the time from planting to harvest, the quantity in the whole season, the cost and the taste difference between shop-bought and home-grown.

Plants that take up a lot of space for a relatively small reward, like pumpkin, squash, cabbage and sweetcorn, may not be best for a small garden. Keeping the ground in constant cultivation, providing continuous harvests without gluts or famines, is one of the great skills of gardening. When planning your garden consider the slow-growing crops such as aubergines, Brussel sprouts, cabbages, celeriac, main crop carrots, garlic, salsify, swede, sweet peppers and the quicker-growing crops such as beetroot, radish, early carrots, dwarf French beans, spinach, early peas, early potatoes, rocket, summer lettuce and turnips. Use succession planting with early-mid and late season harvest times. In this way, just as one harvest ends the next one begins, providing you with smaller, continuous harvests.

I tend to grow cut and come again varieties such as lettuce, salad leaves and herbs, and leafy greens such as chard, cavolo nero, kale and spinach. Pick little and often, removing the outer leaves of the plants and leaving the heart intact until the plant threatens to flower, then removing the heart. Other plants in this category are courgettes, tomatoes, mini cucumbers, runner and French beans, sugar snap peas and rhubarb.

Camau i sicrhau llwyddiant wrth dyfu cynnyrch
Tips for successful growing

1. Dewiswch fathau o hadau y gellir dibynnu arnynt.
   Choose trusted varieties.

2. Paratowch y tir cyn plannu. Ychwanegwch wrtaith organig fel compost cartref.
   Prepare the soil before planting vegetables. Add organic matter such as home-made compost.

3. Defnyddiwch gompost masnachol wrth hau llysiau mewn potiau neu hambyrddau.
   Always use proprietary compost rather than home-made when sowing vegetables in pots or trays.

4. Gwnewch y gorau o'r gofod trwy hau cnydau'n olynol – hau neu blannu cnwd newydd ar ôl cynaeafu'r un cyntaf.
   Make maximum use of space by successional sowing – planting or sowing a new crop after harvesting the first.

5. Cylchdrowch y cnydau – ceisiwch osgoi tyfu cnydau o'r un grŵp fel brasicas, cnydau gwraidd, telu'r winwns neu godlysiau yn yr un lle y flwyddyn nesaf.
   Rotate crops – try not to grow crops from the same group such as brassicas, root crops, alliums or legumes in the same place the next year.

6. Ceisiwch hau'n gynnil pan fyddwch yn tyfu llysiau mewn potiau neu hambyrddau fel bod digon o le i'r eginblanhigion ddatblygu.
   Sow seeds sparingly when sowing in pots or trays so that when seedlings germinate they have plenty of room to develop.

7. Cofiwch ddyfrhau yn aml yn ystod cyfnodau sych, gyda dŵr glaw os oes modd, er mwyn sicrhau bod y planhigion yn parhau i dyfu'n ddi-dor.
   Water thoroughly in dry spells, preferably with rainwater to keep plants growing without interruption.

8. Rhowch gynnig ar blannu ochr yn ochr – tyfu llysiau gyda blodau, a fydd yn gymorth i osgoi plâu ac yn denu pryfed buddiol.
   Try companion planting – planting vegetables with flowers, that will help ward off or confuse pests and will attract beneficial insects.

9. Gwnewch eich porthiant planhigion hylifol eich hun trwy socian dail planhigion sydd â gwreiddiau dwfn mewn dŵr nes eu bod yn dadelfennu. Mae comffri a dinad (danadl poethion) yn arbennig o dda.
   Make your own liquid plant feed by soaking the leaves of deep-rooted plants in water and allowing them to disintegrate. Comfrey and nettles are particularly good.

10. Gwnewch eich compost eich hun gan ddefnyddio unrhyw ddeunyddiau gwastraff. Y domen gompost yw'r ffordd orau i greu pridd iach ac mae wrth wraidd tyfu llysiau yn hunangynhaliol.
    Compost any waste material to make home-made compost. Your compost heap is the best way to provide soil health and is at the heart of self-sufficient veg growing.

Cynaeafu a chadw

Mae gwybod pryd mae cynaeafu a sut mae storio'r cnydau yn hanfodol er mwyn tyfu llysiau yn llwyddiannus. Wrth ddilyn y canllawiau yma mae modd llenwi'r pantri gyda chynnyrch cartref trwy gydol y flwyddyn.

- Casglwch y cynnyrch ben bore i osgoi colli lleithder ar ddiwrnodau cynnes, neu mor agos i'r amser coginio â phosib er mwyn cadw'r maeth.
- Cynaeafwch pan mae'r planhigion yn aeddfed. Mae hefyd yn werth cynaeafu ar adegau gwahanol o ran tyfiant y cnwd gan fod ei gynnwys cemegol yn newid dros amser.
- Defnyddiwch gyllell neu siswrn miniog i osgoi creu difrod i blanhigion eraill.
- Rhowch ddail salad mewn dŵr rhewllyd cyn gynted â phosib ar ôl eu casglu i'w hatal rhag gwywo.
- Gadewch i'r pridd sychu ar gnydau gwraidd cyn ei rwbio neu ei olchi i ffwrdd.
- Storiwch lysiau gwraidd mewn lle oer a sych (mewn sied neu yn y garej).
- Dylech osgoi golchi llysiau cyn eu storio gan fod y pridd yn llawn bacteria da a fydd yn eu cadw nhw'n fyw yn hirach.
- Rhowch wreiddiau a thopiau llysiau yn y pentwr compost neu defnyddiwch nhw i goginio os ydyn nhw'n addas.
- Cyn eu rhewi, rhowch lysiau mewn dŵr berw am funud, eu hoeri'n gyflym a'u sychu cyn eu gwasgaru ar hambwrdd. Unwaith y byddan nhw wedi hanner rhewi gellir eu rhoi mewn bagiau i'w rhewi'n iawn.
- Gallwch rewi perlysiau wedi'u torri'n fân mewn cynhwysydd ciwbiau iâ wedi'u gorchuddio â dŵr neu olew.
- Mae cadw cynnyrch sydd dros ben yn ffordd dda i gadw eu blas wrth baratoi picls, catwad, cordial a diodydd.
- Mae modd sychu nifer o gnydau fel winwns, garlleg, perlysiau, tsilis a thomatos yn yr haul neu o dan do mewn man awyrog.

Harvesting and storage

Knowing when to harvest crops and how best to store them is an invaluable skill for growing vegetables successfully. You should be able to keep your pantry stocked with home-grown produce all year if you follow these steps.

- Gather plants early in the morning to avoid moisture loss on warm days, or close to cooking time to preserve their nutrition.
- Harvest when crops are ripe but also at different stages of growth as their chemical contents change over time.
- Use a sharp knife or scissors to minimise damage to other plants.
- Plunge salad crops in iced water as soon as possible after picking to avoid wilting.
- Allow the soil to dry on root crops then rub or rinse off.
- Store root vegetables in a cool and dry place (a shed or garage).
- Don't wash vegetables you intend to store, as the soil contains good bacteria which will help preserve them for longer.
- Compost plant tops and roots or use for cooking where suitable.
- When freezing blanch vegetables in boiling water for 1 minute, cool quickly and dry before spreading thinly on a tray to freeze. Once part-frozen the produce can be placed in bags and frozen.
- Freeze herbs by chopping finely and freezing in ice cube trays covered with water or oil.
- Preserving excess produce such as pickles, chutneys, jams, cordials and drinks is a great way to preserve their flavour.
- You can dry many crops in the sun or under cover in an airy place, such as garlic, onions, herbs, chillies and tomatoes.

Gerddi

Bues i'n gweithio fel Ymgynghorydd Bwyd i Amgueddfeydd Cymru am nifer o flynyddoedd, yn datblygu bwydlenni yn seiliedig ar fwydydd lleol a thymorol ac yn mwynhau crwydro'r gerddi sydd wedi bod yn ysbrydoliaeth i'r gyfrol hon. Yn ogystal â chael y pleser o fwynhau yr holl blanhigion a'r gerddi bendigedig, roeddwn wrth fy modd yn cwrdd â'r holl arddwyr sydd mor ymroddedig wrth weithio'r tir o un dydd i'r llall ac o ganlyniad rwy wedi dysgu tipyn mwy erbyn hyn!

Amgueddfa Genedlaethol y Glannau, Abertawe

Wrth gerdded heibio derbynfa'r amgueddfa byddwch yn sylwi ar ardd ffyniannus, ardal oedd yn arfer bod yn wag ond sydd bellach wedi'i thrawsnewid ar gyfer GRAFT – maes llafur sy'n seiliedig ar bridd ac sy'n safle gweithdy garddio cymunedol. Dechreuodd y prosiect yn 2018 ac mae'n gweithio gyda'r gymuned leol, plant o dan 5, colegau, canolfan gofal dydd leol ac oedolion sy'n dysgu er mwyn tyfu bwyd a darganfod sut i greu trwy gyfrwng cwriciwlwm amgen. Maen nhw'n gweithio gyda phobl ar draws y ddinas, gan gynaeafu cynnyrch a chefnogi prosiectau lleol i goginio prydau twym i'r rhai sydd eu hangen. Maen nhw'n gweithio mewn partneriaeth gydag elusen y digartref, Crisis, sy'n rheoli'r ardd unwaith yr wythnos, yn ogystal â chynnal sesiynau dysgu trwy chwarae yn yr awyr iach i'r rhai sydd o dan 5 mlwydd oed – GRAFT Bach.

Mae cychod gwenyn yn rhan o brosiect Gwenyn GRAFT. Mae'r maes llafur, sy'n seiliedig ar bridd, wedi trawsnewid ardal werdd sefydliadol yn ardd organig fywiog gan roi cyfle i bobl o bob oedran ddysgu am dyfu bwyd a meistroli sgiliau sydd wedi diflannu i raddau helaeth. Caiff y sgiliau yma eu rhannu gyda'r cyhoedd wrth swpera sawl gwaith y flwyddyn. Mae'r ardd yn adnodd addysgol a chymdeithasol o fewn yr amgueddfa ac yn fan

i bobl ymgynnull i dyfu a pharatoi bwyd, cydweithio a dysgu ar y cyd. Rhannwyd y rysáit ar gyfer y Pakora Cêl gan Saff, Swyddog Ymgysylltu Cymunedol gyda'r amgueddfa, sy'n aml yn ei choginio i'r gwirfoddolwyr.

Amgueddfa Werin Cymru, Sain Ffagan

Y gerddi o bosib yw cyfrinach fwyaf Sain Ffagan, o erddi'r bonedd i erddi'r bythynnod a thai teras Rhyd-y-car a ddarparai fwyd i deuluoedd oedd yn gweithio. Maen nhw'n cynnig darlun o fywydau'r Cymry drwy hanes ac yn ychwanegu at yr adeiladau hanesyddol wrth gynnig dehongliad o'r gorffennol.

Mae Castell Sain Ffagan yn adeilad rhestredig Gradd 1. Mae'n un o'r maenordai Elisabethaidd mwyaf godigog yng Nghymru ac wedi'i amgylchynu gan erddi hardd, gan gynnwys gardd Eidalaidd a gardd teim. Mae llwyn mwyar Mair lle bues i'n casglu'r mwyar melys ar gyfer yr hufen iâ a'r myffins, ac mae'r gwinwydd-dy a'r ardd rosynnau gain yn ychwanegu dyfnder a lliw i dir yr amgueddfa.

Mae chwe thŷ teras Rhyd-y-car yn cynrychioli gwahanol gyfnodau yn ei hanes, sef 1805, 1855, 1895, 1925, 1955 ac 1985. Fel hyn, gellir gweld y newidiadau i'r adeiladau, eu cynnwys a'u gerddi lle mae'r garddwyr wrthi bellach yn tyfu llysiau a ffrwythau o hadau sy'n perthyn i'r cyfnod fel betys, maip, cennin, winwns, moron, bresych, riwbob a chwrens duon. Tyfir blodau'r gwenyn er mwyn atal plâu a denu polineiddwyr naturiol fel pilipalod, gwenyn a phryfed hofran fel nad oes angen defnyddio plaladdwyr. Byddai perlysiau yn tyfu mewn hen fwcedi sinc yn agos at ddrws y tŷ.

Tyfir perlysiau y tu allan i nifer o'r bythynnod fel Kennixton, Abernodwydd a Hendre'r-ywydd fel y byddai'r trigolion yn arfer ei wneud ar gyfer coginio, i atal plâu ac i greu meddyginaethau naturiol. Byddai brigau'r siligabŵd (*southernwood*) yn cael eu hongian gyda dillad i atal gwyfynod gyda'u harogl lemwn, a'r tansi gyda'i flodau melyn crwn yn cael ei ddefnyddio mewn powltris ar gyfer poen yn y cymalau. Defnyddid eurinllys ar gyfer iselder a the isop ar gyfer peswch neu drafferthion anadlu.

Gardd Fotaneg Genedlaethol Cymru

Rwy wedi cynnal arddangosfeydd coginio mewn nifer o lefydd ond un lleoliad sy'n aros yn y cof yw'r Tŷ Gwydr Mawr yng Ngardd Fotaneg Cymru. Roedd yn brofiad hynod cael fy amgylchynu gan blanhigion trofannol prin wrth goginio yn y gwres crasboeth! Mae'r ardd yn ifanc o'i chymharu â llawer o erddi botaneg ledled y byd ond maen nhw wedi cyflawni gwaith anhygoel, ac mae wedi dod yn un o drysorau Cymru.

Mae'r ardd wedi ymroi i waith ymchwil a gwarchod bioamrywiaeth, i gynaliadwyedd, dysgu gydol oes a mwynhad yr ymwelydd. Cynigir ysbrydoliaeth i'r ymwelydd i dyfu ffrwythau, llysiau, perlysiau a blodau gan Ardd Tyfu'r Dyfodol sydd wedi'i rhannu yn welyau sy'n dangos dulliau gwahanol o dyfu – gardd ar batrwm *potager*, gwelyau uchel, rhai traddodiadol, mannau cysgodol a mannau addas i fywyd gwyllt. Bu'n dipyn o sioc i ddarganfod ffrwythau ciwi yn tyfu yma ac rwy wedi creu rysáit arbennig gyda nhw yn y llyfr!

Ym mhob gwely yng Ngardd yr Apothecari mae planhigion sydd wedi eu defnyddio ar ryw adeg i drin afiechyd mewn system benodol o'r corff. Mae planhigion yn cynhyrchu cannoedd o gyfansoddion cemegol i'w hamddiffyn rhag pryfed, ffyngau, clefydau a mamaliaid sy'n pori. Gall yr un cemegion effeithio ar y corff dynol hefyd. Hyd yn oed heddiw mae tua 50% o feddyginiaethau'r diwydiant fferyllol naill ai'n defnyddio planhigion neu wedi eu hysbrydoli gan sylweddau naturiol. Am filoedd o flynyddoedd, planhigion oedd prif ffynhonnell meddyginiaeth y rhan fwyaf o bobloedd y byd. Ychwanegwyd gwely hefyd i ddangos planhigion a ddefnyddiwyd gan Feddygon Myddfai, y meddygon llysiau enwog o Gymru.

Mae'n galonogol hefyd gweld cymaint o erddi cymunedol a rhandiroedd ar draws Cymru yn tyfu llysiau a ffrwythau, gyda nifer ohonyn nhw'n creu ardaloedd tyfu mewn ysgolion er mwyn i'r plant ddysgu sgiliau hanfodol bywyd, dod i wybod am darddiad bwyd a chael cyfle i fwyta bwyd iach a ffres. Pwrpas prosiect Synnwyr Bwyd Cymru yw dylanwadu ar sut mae bwyd yn cael ei gynhyrchu a'i fwyta yng Nghymru er mwyn sicrhau bod bwyd, ffermio a physgodfeydd cynaliadwy wrth galon system fwyd deg, gysylltiedig a llewyrchus.

Gardens

I worked as a Food Consultant for the National Museums for a number of years developing menus based on local and seasonal foods, and thoroughly enjoyed visiting their gardens which have inspired this book. Apart from seeing the wonderful gardens and plants, I have mostly enjoyed meeting all the passionate and dedicated gardeners who work the land day in day out and learned so much from them!

National Waterfront Museum, Swansea

As you walk past the reception at the museum you will notice a thriving garden outside which was a disused space but is now dedicated to GRAFT – a soil-based syllabus which is a garden and community workshop space based at the museum. The project began in 2018 and works with local communities, under 5s, colleges, a local day care centre and adult learners to grow food and explore making through an alternative curriculum. They work with people from all over the city, harvesting produce and supporting local projects who cook warm meals for those in need. They have a partnership with the Crisis homelessness charity who take over the garden once a week, as well as outdoor play learning sessions – GRAFT Bach for under 5s.

There are also bee hives as part of the GRAFT Bees project. Their soil-based syllabus has transformed an institutional green space into a vibrant organic garden, giving people of all ages an opportunity to learn the eroded skills of growing food. These skills are also shared at suppers open to the public within the garden space several times a year. The garden is a social educational resource within the museum and provides somewhere for people to gather to grow and cook food, work collaboratively and learn collectively. The recipe for Kale Pakoras has been shared by Saff, Community Engagement Officer, who often cooks them for the volunteers.

St Fagans National Museum of History

The gardens are perhaps the best-kept secret at St Fagans, from those of the gentry to the cottage gardens and Rhyd-y-car terrace that provided food for working families. They provide an insight into the lives of Welsh people throughout history, and complement the historic buildings in their interpretation of the past. St Fagans Castle is a Grade 1 listed building and one of the finest Elizabethan manor houses in Wales, and is surrounded by beautiful garden displays including an Italian garden and thyme garden. I was fortunate to be able to collect some sweet mulberries for the ice cream and muffin recipes at the mulberry grove, and there is also a vinery and an exquisite rosery which add depth and colour to the museum's grounds.

The six terraced houses at Rhyd-y-car have been displayed at different periods of their history, namely 1805, 1855, 1895, 1925, 1955 and 1985. In this way the changes in the buildings, their contents and their gardens can be shown. The present gardening team at the museum now grow fruit and vegetables from heritage seeds grown at the time like beetroot, turnips, leeks, onions, carrots, cabbages, rhubarb and blackcurrant. Marigolds are grown as companion planting to deter pests and attract pollinator insects such as bees, butterflies and hoverflies and to avoid the use of insecticides. They would also grow herbs in old galvanised buckets close to the back door.

You will see herbs planted outside many of the cottages such as Kennixton, Abernodwydd and Hendre'r-ywydd as the owners would have grown them for cooking, to repel insects and for medicinal purposes. Branches of southernwood hung next to their clothes to stop the moths with their lemon fragrance and a poultice would be made with the round yellow flowered tansy for joint pain. St John's wort was used for depression and a tea made of hyssop for coughs and respiratory problems.

National Botanic Garden of Wales

I have held cookery demonstrations in many places, although one location which is particularly memorable is the Great Glasshouse at the National Botanic Garden of Wales. Being surrounded by rare tropical plants in sweltering heat as I cooked was certainly a unique experience! The garden is young compared to many botanic gardens around the world but it has become one of Wales' real treasures and a national asset.

The garden is dedicated to the research and conservation of biodiversity, to sustainability, lifelong learning and the enjoyment of the visitor. One of the gardens, the Growing the Future Garden, is divided into beds demonstrating different styles of growing with an allotment feel – potager, raised beds, traditional, shade-loving and wildlife-friendly, to inspire the visitor to try out new ideas about planning the garden to grow fruit, vegetables, herbs and flowers. I was surprised to see kiwi fruit growing here and I have dedicated a special recipe for it in the book!

Each bed in the Apothecary's Garden contains plants that have been used to treat systems of the body. Plants produce hundreds of chemical compounds to protect themselves from insects, fungi, diseases and grazing mammals. These chemicals can also affect the human body and for thousands of years, plants were the main source of medicine for most of the world's populations. Even today, around 50% of medicines produced by the pharmaceutical industry are either directly derived from or inspired by natural substances. An extra bed has also been added to show plants that were used by the legendary Welsh herbalists, the Physicians of Myddfai.

It's also encouraging to see so many community gardens and allotments across Wales growing fruit and vegetables with many schools developing their own growing areas for children to learn valuable life skills, teaching them where food comes from and providing access to fresh, healthy food. The aim of the project Food Sense Wales is to influence how food is produced and consumed in Wales ensuring that sustainable food, farming and fisheries are at the heart of a just, connected and prosperous food system.

Calendr Tymhorol

CYNNYRCH / PRODUCT	Ionawr January	Chwefror February	Mawrth March	Ebrill April	Mai May	Mehefin June	Gorffennaf July	Awst August	Medi September	Hydref October	Tachwedd November	Rhagfyr December
Afalau, Bramley / Apples, Bramley								■	■	■		
Afalau, Cox / Apples, Cox										■	■	
Merllys / Asparagus					■	■						
Ffa, Dringo / Bean, Runner								■	■	■		
Betys / Beetroot							■	■	■	■	■	■
Mwyar Duon / Blackberries									■	■		
Ysgewyll / Brussel Sprouts	■	■							■	■	■	■
Bresych, Dail y Gwanwyn / Cabbage, Spring Greens	■	■	■	■				■	■	■	■	■
Bresych, Gwyn / Cabbage, White									■	■	■	
Bresych, Savoy / Cabbage, Savoy	■	■	■			■	■	■	■	■	■	
Bresych, Coch / Cabbage, Red									■	■		
Moron / Carrots	■	■					■	■	■	■	■	■
Seleriac / Celeriac	■											■
Seleri / Celery							■	■	■	■		
Corbwmpenni / Courgettes							■	■	■			
Ciwcymbr / Cucumber				■	■			■	■			

ALLWEDD / KEY — Gaeaf Winter · Gwanwyn Spring · Haf Summer · Hydref Autumn

Seasonality Calendar

MIS / MONTH CYNNYRCH / PRODUCT	Ionawr January	Chwefror February	Mawrth March	Ebrill April	Mai May	Mehefin June	Gorffennaf July	Awst August	Medi September	Hydref October	Tachwedd November	Rhagfyr December
Cêl / Kale	■	■	■	■					■	■	■	■
Cennin / Leeks	■	■	■							■	■	■
Letys, Cos / Lettuce, Cos							■	■	■			
Letys, Crych / Lettuce, Curly					■	■	■	■				
Maros / Marrow								■	■	■		
Pys / Peas						■	■	■	■			
Eirin / Plums									■			
Tatws, Prif gnwd / Potatoes, Maincrop									■	■	■	■
Pwmpenni / Pumpkin										■	■	■
Mafon / Raspberries							■	■				
Riwbob / Rhubarb					■	■	■					
Ysbigoglys / Spinach					■	■	■	■	■	■		
Mefus / Strawberries						■	■	■				
Pwmpenni / Squash									■	■		
Corn Melys / Sweetcorn								■	■	■		
Tomatos / Tomatoes						■	■	■	■	■		

Cynaliadwyedd a lleihau gwastraff

Yn ogystal â defnyddio gwastraff bwyd i wneud compost i'r ardd, dyma rai syniadau am sut i leihau gwastraff bwyd a gwneud y gorau o bob cynhwysyn.

Sustainability and reducing waste

Apart from using leftover food for the garden compost, here are a few ideas to reduce food waste and maximise the use of each ingredient.

Bara

Fe allwch chi ddefnyddio bara dros ben mewn sawl rysáit. Defnyddiwch y bara i dewhau sawsiau, neu gallwch ei ffrio neu ei rostio i wneud topins crensiog ar gyfer caserols, seigiau pysgod ayb. Gwnewch *croutons* gyda pherlysiau neu arlleg ar gyfer cawl. Fe fydda i'n cadw bag o friwsion bara yn y rhewgell i'w defnyddio ar gyfer byrgers, peli cig, selsig Morgannwg, i orchuddio pysgod a chyw iâr ac ar gyfer gwneud stwffin.

Bread

Bread can be used in various recipes as it dries out. Use to thicken sauces, fry or roast to make crunchy toppings for casseroles, fish dishes etc. Make croutons with herbs or garlic for soups. I always keep a bag of breadcrumbs in the freezer to use in burgers, meatballs, Glamorgan sausages, to coat fish or chicken and to make stuffing.

Cyw iâr

Mae modd arbed arian trwy goginio cyw iâr cyfan yn hytrach na darnau unigol gan fod modd ei ddefnyddio i wneud gwahanol ryseitiau, fel yr hash ar dudalen 59 neu'r salad cyw iâr ac eirin gwlanog ar dudalen 129. Gwnewch yn siŵr eich bod yn cadw'r cig mewn modd priodol ar ôl ei goginio, gan ei storio yn yr oergell wedi'i orchuddio, neu gallwch ei rewi er mwyn ei ddefnyddio yn nes ymlaen. Mae modd paratoi stoc neu gawl o weddillion y carcas.

Chicken

It is more economical to cook a whole chicken rather than separate joints as you can use the whole bird to make different dishes, such as the hash on page 59 or the chicken and peach salad on page 129. Make sure you store it correctly once cooked. Chill as soon as possible and keep covered in the fridge or freeze for later use. Use the carcass to make a delicious stock or soup.

Perlysiau

Torrwch berlysiau meddal o'r coesyn i'r dail ac arbed amser ac arian trwy ddefnyddio coesau perlysiau fel persli, brenhinllys, llysiau'r gwewyr, coriander a tharagon. Fe allwch hefyd eu defnyddio i ychwanegu blas i gawl, caserol, dresin, saws neu stoc.

Herbs

Chop soft herbs from stem to leaf and save time and money by using the stalks of herbs such as parsley, basil, coriander, dill and tarragon. Otherwise use to flavour soups, casseroles, dressings, sauces or stock.

Lemon, leim, oren

Cyn gwasgu'r sudd o ffrwythau sitrws cofiwch gratio'r croen. Yna gallwch ei rewi mewn cynhwysydd ciwbiau iâ i'w ddefnyddio mewn cacennau, bisgedi, dresins a diodydd. Mae'n bosib sychu'r croen a'i falu i wneud powdr a'i gadw mewn pot â chaead, neu ei droi'n groen candi ar gyfer cacennau ac i addurno bwydydd a diodydd.

Lemons, limes, oranges

When using the juice of citrus fruits in recipes always grate the zest first and freeze in ice cube trays for later use in cakes, biscuits, dressings and cocktails. You can also dry the zest and blitz into a powder and keep in a sealed jar or make candied peel for cakes and garnishes.

Llysiau

Nid oes angen plicio llysiau ry'ch chi'n eu tyfu eich hun yn organig, yn enwedig pan maen nhw'n ifanc a thyner, gan fod y croen yn llawn ffeibr a microfaetholion. Os oes gennych blicion llysiau defnyddiwch nhw i wneud stoc llysiau, neu gwnewch 'sglodion' trwy eu troi mewn ychydig o olew a halen môr a'u rhostio yn y popty.

Mae modd bwyta dail nifer o lysiau gwraidd fel betys, moron a rhuddygl a'u defnyddio yn lle ysbigoglys mewn nifer o ryseitiau. Mae rysáit gyda dail betys ar dudalen 74 a phesto o ddail moron ar dudalen 81. Torrwch ddail blodfresych sydd dros ben a'u defnyddio mewn caserol neu gyrri, wrth dro-ffrio neu yn y dhal sydd ar dudalen 64. Gorchuddiwch nhw â saws caws a chymysgu briwsion bara gyda chaws wedi'i gratio i wneud topin crensiog.

Vegetables

When you grow your own vegetables organically you do not always need to peel them, especially when they are young as the skins are rich in micronutrients and fibre. If you do have some vegetable peelings use them to make your own vegetable stock or make 'chips' by tossing in a little oil, sprinkle with sea salt and roast in the oven.

Many root vegetables such as beetroot, carrots and radishes have an abundance of leaves which are edible. Replace spinach in recipes with these leaves. Check out the recipe for beetroot leaf stir-fry on page 74 and carrot top pesto on page 81. Chop leftover cauliflower leaves and add to casseroles, stir-fries or the dhal on page 64. Cover with cheese sauce and mix breadcrumbs with grated cheese for a crunchy topping.

Ryseitiau | Recipes

Teulu'r Winwns | Alliums — 22

Selsig Morgannwg gyda bara lawr — 24
Glamorgan laver sausages

Ffa Patagonia — 27
Patagonia beans

Tarten cennin, cennin syfi a chaws — 28
Leek, chive and cheese tart — 31

Wyau Sir Fôn — 33
Anglesey eggs

Selsig a chennin mewn cytew seidr — 34
Sausage and leeks in cider batter

Selsig, ffa a seidr mewn un potyn — 37
Sausage, bean and cider one pot

Pissaladière — 38
Pissaladière

Tsili cig carw a ffa du — 41
Venison and black bean chilli

Pilaff ffesant a winwns sbeislyd — 42
Spiced pheasant and onion pilaf — 44

Cig eidion Cymreig gyda chnau castan — 47
Slow-cooked Welsh beef with chestnuts

Cinio nŵdls mewn pot — 48
DIY pot noodle

Dail | Brassicas – leaves — 51

Torth gnau a dail bresych — 52
Cabbage leaf and nut loaf

Bresych coch sbeislyd a llugaeron — 55
Spiced red cabbage with cranberries

Salad canol gaeaf — 56
Midwinter salad

Hash cyw iâr, chorizo a chêl — 59
Chicken, chorizo and kale hash

Creision cêl — 60
Kale crisps

Pakora cêl — 63
Kale pakoras

Dhal blodfresych, moron ac ysbigoglys — 64
Cauliflower, carrot and spinach dhal

Brithyll a Ham Caerfyrddin gydag ysbigoglys — 67
Carmarthen Ham trout with spinach

Burrito brecwast Cymreig — 68
Welsh breakfast burrito

Llysiau gwraidd a phwmpenni | Root vegetables and pumpkins — 71–72

Dail betys, garlleg a tsili wedi'u tro-ffrio — 74
Beetroot leaves, garlic and chilli stir-fry

Byrgers coch — 77
Beetroot and bean burgers

Salad colomen, oren a betys — 78
Pigeon, orange and beetroot salad

Pesto topiau moron — 81
Carrot top pesto

Gratin seleriac, tatws a madarch garlleg — 82
Celeriac, potato and garlic mushroom gratin — 84

Cawl pannas, afal a seidr — 87
Parsnip, apple and cider soup

Swper o lysiau gwraidd rhost — 88
Roast root vegetable supper

Salad tatws newydd a pherlysiau gwyrdd — 91
New potato and green herb salad

Cacennau mecryll wedi'u mygu — 92
Smoked mackerel fishcakes

Swper macrell Ceinewydd — 95
New Quay mackerel supper

Cyw iâr rhost piri piri Piri piri roast chicken	96
Ffritata tatws newydd, cig moch a bara lawr New potato, bacon and laver frittata	99
Pryd pob selsig helgig a phwmpen Game sausage and squash traybake	100
Strwdel pwmpen a ffeta Pumpkin and feta strudel	103 104

Llysiau'r haf | Summer vegetables — 107–9

Dresins salad Salad dressings	110
Salad Carys Carys' salad	113
Byrgers gwyrdd Chilli and lime courgette 'burgers'	114
Salad pasta tomatos gyda dresin pupur coch rhost Tomato pasta salad with roast red pepper dressing	117
Salad *panzanella* Panzanella	118
Jam tomato a tsili rhost Roast tomato chilli jam	121
Cyrri iogwrt cyw iâr Chicken yoghurt curry	122
Tarten werdd Summer green tart	125 126
Salad cyw iâr ac eirin gwlanog Chicken and peach salad	129

Ffrwythau | Fruit — 130–132

Hwyaden wyllt rost gydag eirin ac orenau sbeislyd Roast mallard with spiced plums and oranges	133
Ffesant a ffigys o'r popty Figgy pheasant traybake	136
Stêc cig carw gyda saws medd mwyar duon Venison steak with blackberry mead sauce	139
Lwyn o borc rhost Cymreig gyda seidr o Gymru Roast loin of Welsh pork with Welsh cider	140 142
Myffins mwyar a hadau Blackberry seeded muffins	145
Hufen iâ mwyar Mair Mulberry ripple ice cream	146
Hufen iâ ciwi a chnau coco Kiwi coconut ice cream	149
Jam eirin duon a jin eirin duon bach Damson and sloe gin jam	150
Sgons llaeth enwyn Buttermilk scones	153
Crymbl cnau gyda chwins a gellyg mewn gwin sbeislyd Mulled quince and pear cob crumble	155 156
Tarten ffilo brandi afal Apple brandy filo tart	159
Cacen gytew afal Apple batter cake	160
Cacen fara Bread cake	163
Gwirod jin dail ffigys Fig leaf gin liqueur	165
Cordial riwbob a sinsir Rhubarb ginger cordial	166
Cacen bob riwbob Rhubarb traybake	168
Briwfwyd rym, oren a sinsir Rum, orange and ginger mincemeat	171
Mins peis macarŵn oren a rym Rum orange macaroon mince pies	172

Teulu'r winwns

Cennin, cennin syfi, garlleg, sialóts, sibwns, winwns

Mae teulu'r winwns yn angenrheidiol ym mhob cegin, yn sail i nifer o ryseitiau ac yn rhoi dyfnder blas i ryseitiau o bob math. O blith winwns, cennin, sialóts, sibwns, garlleg a chennin syfi, mae modd defnyddio'r naill yn lle'r llall yn y rhan fwyaf o seigiau. Mae modd torri dail winwns yn fân a'u defnyddio yn lle sibwns.

Mae plannu winwns neu sialóts wrth ymyl moron yn gallu atal pryfed moron gan fod arogl y winwns yn cuddio arogl y moron. Mae tyfu betys a maip wrth ymyl winwns yn cael effaith debyg.

Alliums

Leeks, chives, garlic, shallots, spring onions, onions

Alliums are an essential ingredient in the kitchen to add depth of flavour to a range of savoury dishes. From onions, leeks, shallots, spring onions, garlic and chives, you can often replace one with another in most dishes. You can replace spring onions with finely chopped onion leaves.

To deter carrot fly, plant carrots next to onions or shallots as their scent masks the scent of the carrots and the fly can't locate them. Growing beetroot and turnips with alliums also works well.

Selsig Morgannwg gyda bara lawr

Caws Caerffili a ddefnyddir yn y rysáit hon yn draddodiadol ond gellir defnyddio unrhyw gaws sydd gennych dros ben. Mae'r bara lawr yn ychwanegu blas sawrus i'r cyfan. Mae modd paratoi'r selsig ymlaen llaw a'u rhewi cyn neu ar ôl eu coginio.

Digon i wneud 12 o selsig bychain

CYNHWYSION

- 225g briwsion bara ffres
- 125g caws wedi'i gratio
- Halen a phupur gwyn
- ½ llond llwy de mwstard sych
- 175g cennin wedi'u torri'n stribedi main a'u ffrio'n ysgafn mewn ychydig o fenyn am 2 funud
- Llond llwy fwrdd go dda o bersli ffres wedi'i dorri'n fân
- 3 wy maes canolig eu maint
- Ychydig o laeth
- 2 lwy fwrdd bara lawr (dewisol)

I orchuddio'r selsig

- 1 wy maes
- 4 llond llwy fwrdd llaeth
- 100g briwsion bara neu panco ffres
- Olew llysiau ar gyfer ffrio

DULL

1. Rhowch y briwsion bara, y caws, yr halen a phupur, y mwstard, y cennin a'r persli mewn dysgl a'u cymysgu'n dda.
2. Curwch yr wyau a'r bara lawr a'u hychwanegu at y cynhwysion. Cymysgwch i wneud toes eithaf trwchus. Efallai y bydd angen ychydig o laeth os yw'r gymysgedd yn rhy sych. Rhannwch y gymysgedd yn 16 darn a'u siapio'n selsig.
3. Does dim rhaid gorchuddio'r selsig ond mae'n eu gwneud yn grisbin hyfryd. Curwch yr wy ac ychwanegu'r llaeth. Rhowch y briwsion ar blât gydag ychydig bach o bupur a halen. Rholiwch bob selsigen yn y gymysgedd, eu draenio am dipyn ac yna eu rholio yn y briwsion bara. Rhowch y selsig yn yr oergell am awr.
4. Cynheswch badell gyda gwaelod trwm. Ychwanegwch ychydig o olew. Rhowch y selsig i mewn fesul tipyn a'u coginio dros wres cymedrol-isel tan eu bod yn lliw euraid drostynt. Dylid ffrio'r selsig yn ysgafn – os bydd y gwres yn rhy uchel fe fyddan nhw'n brownio'n rhy gyflym, cyn iddyn nhw goginio trwyddynt.

Glamorgan Laver Sausages

Caerphilly cheese is traditionally used for this recipe but you can use any leftover cheeses. These can be made in advance and freeze well – uncooked or cooked. Laverbread is not usually used but adds a more savoury flavour.

Makes 12 small sausages

INGREDIENTS

- 225g fresh breadcrumbs
- 125g grated Welsh cheese
- Salt and white pepper
- 1 tsp dry mustard
- 175g leeks shredded finely and sautéed in a little butter for 2 minutes
- 1 heaped tbsp fresh, chopped parsley
- 3 medium-sized free-range eggs
- A little milk
- 2 tbsps laverbread (optional)

Coating

- 1 medium free-range egg
- 4 tbsps milk
- 100g fresh breadcrumbs or panko crumbs
- Vegetable oil for frying

METHOD

1. Place the breadcrumbs, laverbread, cheese, seasoning, mustard, leeks and parsley in a mixing bowl and mix well.
2. Beat together the eggs and laverbread and add to the ingredients. Mix the ingredients to form a firm dough. Divide the mixture into 16 pieces and form each portion into a sausage shape.
3. Coating the sausages is optional, however this does give them a wonderful crispy texture. Beat the egg and add the milk. Place the breadcrumbs on a plate and season lightly. Take each sausage and roll it in the egg mixture, drain a little, then roll in the breadcrumbs. Repeat until all the sausages are coated, then chill for an hour.
4. Heat a heavy-based frying pan, add a little oil, add the sausages a few at a time and cook over a medium-low heat until golden all over. The sausages should fry gently – if the heat is too high they will brown too quickly and not be cooked through.

Ffa Patagonia

Gellir paratoi'r pryd hwn ymlaen llaw a bydd yn cadw am o leiaf 5 diwrnod yn yr oergell. Defnyddiwch winwns pan nad yw cennin yn eu tymor ac er mwyn amrywio defnyddiwch ffa eraill yn lle'r ffa *cannellini*.

Digon i 6–8

CYNHWYSION

- 1 genhinen ganolig
- 1 llwy fwrdd olew had rêp
- 2 x 400ml passata
- 2 lwy fwrdd piwrî tomato
- 1 llwy fwrdd saws Swydd Gaerwrangon
- 1 llwy fwrdd siwgr brown
- 1 llwy fwrdd finegr gwin coch
- 2 x 400g ffa *cannellini*
- 2 lwy de paprica plaen neu wedi'i fygu (dewisol)

DULL

1. Golchwch a sleisiwch y genhinen. Cynheswch sosban o faint canolig ac ychwanegu'r olew, yna coginio'r genhinen am tua 7 munud nes ei bod wedi meddalu cyn arllwys y passata a 200ml o ddŵr i mewn.
2. Ychwanegwch y piwrî tomato, y saws Swydd Gaerwrangon, y siwgr, y finegr, a'r paprica os ydych yn ei ddefnyddio. Sesnwch gyda halen a phupur a chymysgu'n dda. Dewch â'r cyfan i'r berw, yna gostwng y gwres a'i fudferwi am 30 munud dros wres isel cyn ychwanegu'r ffa. Gadewch iddo goginio am 10 munud arall cyn ei weini gyda thost neu fel saig ar yr ochr gyda brecwast llawn.

Patagonia beans

This dish can be prepared in advance and will keep for at least 5 days in the fridge. Use onions when leeks are not in season and you can replace the cannellini beans with any other beans.

Serves 6–8

INGREDIENTS

- 1 medium leek
- 1 tbsp rapeseed oil
- 2 x 400ml tomato passata
- 2 tbsps tomato puree
- 1 tbsp Worcestershire sauce
- 1 tbsp brown sugar
- 1 tbsp red wine vinegar
- 2 x 400g cannellini beans
- 2 tsps plain or smoked paprika (optional)

METHOD

1. Wash and slice the leek. Heat a medium-sized saucepan and add the oil, then cook the leek for about 7 minutes until softened before pouring in the tomato passata and 200ml of water.
2. Add the tomato puree, Worcestershire sauce, sugar, vinegar, and paprika if using. Season with salt and pepper and stir well and bring to a boil, then reduce the heat and simmer for 30 minutes over a low heat before adding the beans. Leave to cook for a further 10 minutes before serving with toast or as a side dish with a full cooked breakfast.

Tarten cennin, cennin syfi a chaws

Mae'r darten yma yn llawn dop o gennin ac yn llai cyfoethog na Quiche Lorraine cyffredin. Mae angen coginio'r crwst yn 'ddall' er mwyn arbed y cennin rhag achosi i'r crwst fod yn rhy wlyb. Mae'r crwst o flawd cyflawn yn creu ansawdd mwy crimp a chrensiog ac yn bartner perffaith i'r cennin sidanaidd!

Digon i 4-6

CYNHWYSION
Crwst
- 200g blawd cyflawn
- 100g menyn oer

Llenwad
- 3 cenhinen ganolig
- 2 lwy fwrdd menyn
- 1 llwy fwrdd olew had rêp
- Nytmeg
- 4 wy
- 120g *crème fraîche*
- 50g Caws Cerwyn, Teifi neu Cheddar
- Llond llaw cennin syfi

DULL

1. Ar gyfer y crwst rhowch y blawd mewn powlen, yna gratiwch y menyn oer i mewn iddo a chymysgu gyda blaenau'r bysedd tan ei fod fel briwsion bara. Ychwanegwch ddigon o ddŵr oer i'w gymysgu yn does llyfn.
2. Rholiwch y toes yn gylch digon mawr ar gyfer tun fflan 23cm o led. Gwasgwch y crwst i'r ymylon a'i roi i orffwys yn yr oergell.
3. Yn y cyfamser, golchwch y cennin a'u sleisio'n denau gan ddefnyddio cymaint o'r dail gwyrdd â phosib. Toddwch y menyn gyda'r olew mewn padell *sauté* a ffrio'r cennin dros wres canolig i isel am tua 30 munud tan eu bod fel rhubanau meddal. Tynnwch nhw oddi ar y gwres ac ychwanegu halen a phupur a nytmeg ffres wedi'i gratio.
4. Cynheswch y popty i 180°C / 160°C Ffan / Nwy 4. Gwnewch dyllau gyda fforc ar waelod y crwst, leiniwch â phapur gwrthsaim, ychwanegwch y ffa pobi a'i goginio am 15 munud cyn tynnu'r ffa a'r papur a'i ddychwelyd i'r popty am 5 munud arall.
5. Curwch yr wyau mewn jwg mawr, yna ychwanegu'r *crème fraîche* a throi'n dda. Rhowch ddwy ran o dair o'r cennin yn y crwst a'u lledaenu dros y gwaelod, gyda'r caws ar ben y cennin. Arllwyswch y gymysgedd wyau dros y cennin, yna gweddill y cennin os oes lle. Gratiwch fwy o nytmeg dros y cennin a'i bobi am 25-30 munud tan ei fod wedi setio ond yn dal ag ychydig o sigl iddo.
6. Torrwch y cennin syfi yn fân a'u sgeintio dros ei ben cyn ei weini.

Leek, chive and cheese tart

This tart is packed full of leeks, making it less rich and dense than the normal Quiche Lorraine. The pastry needs to be baked blind as the moisture from the leeks risks making the pastry soggy. The wholemeal pastry gives a crisper, nutty texture which complements the silky leeks!

Serves 4–6

INGREDIENTS

Pastry
- 200g wholemeal flour
- 100g butter

Filling
- 3 medium leeks
- 2 tbsps butter
- 1 tbsp rapeseed oil
- Nutmeg
- 4 medium eggs
- 120g crème fraîche
- 50g Cerwyn, Teifi or Cheddar cheese
- Handful chives

METHOD
1. To make the pastry, put the flour into a mixing bowl and grate in the butter. Rub in with your fingertips until it resembles breadcrumbs, then stir in enough cold water to bring it together into a smooth but not sticky dough.
2. Roll out the dough until it is big enough to fit a 23cm wide flan tin. Line the tin with the pastry, pressing gently into the sides of the tin, and chill while you prepare the leeks.
3. Wash and thinly slice the leeks using as much of the green part as possible. Melt the butter with the oil in a large sauté pan over a medium-low heat and fry the leeks, stirring occasionally for about 30 minutes or until they resemble soft ribbons. Remove from the heat and season with salt and plenty of nutmeg.
4. Heat the oven to 180°C / 160°C Fan / Gas 4. Prick the base of the pastry with a fork then line with greaseproof paper, add baking beans and bake for 15 minutes then remove the beans and paper and return to the oven for another 5 minutes.
5. Whisk the eggs in a large jug then beat in the crème fraîche until well combined. Spoon two thirds of the leeks into the pastry case followed by the grated cheese, spreading out well. Pour over the custard then add the remaining leeks if there's room. Grate over more nutmeg and bake for 25–30 minutes until set but still a bit wobbly.
6. Chop the chives finely and sprinkle over the top before serving.

Wyau Sir Fôn

Rysáit draddodiadol ar gyfer bwyd cysur sy'n addas i lysieuwyr ac yn flasus gyda sleisen o ham cartref.

Digon i 4

CYNHWYSION

- 3 cenhinen fach
- 500g tatws stwnsh poeth
- 50g menyn
- Halen a phupur du
- 30g blawd
- 300 ml llaeth poeth
- 75g caws Cheddar Cymreig
- 6 wy wedi'u berwi
- 2 lond llwy fwrdd briwsion bara ffres
- Nytmeg wedi'i gratio

DULL

1. Cynheswch y popty i 180°C / 160°C Ffan / Nwy 4.
2. Golchwch a thorri'r cennin a'u sleisio cyn eu coginio mewn ychydig o ddŵr. Rhowch nhw mewn powlen gyda'r tatws stwnsh, hanner y menyn a halen a phupur i roi blas a chymysgu'n drylwyr. Rhowch y cyfan mewn dysgl sydd wedi'i hiro ac sy'n addas i'r popty.
3. Gwnewch y saws caws drwy doddi 25g o fenyn mewn sosban ac ychwanegu'r blawd a choginio am 2 funud ar wres isel. Ychwanegwch y llaeth a'r caws wedi'i gratio a chymysgu, gan ddal i droi, tan y bydd y saws yn mudferwi ac wedi tewhau. (Cadwch 10g o fenyn ac ychydig o gaws i'w rhoi ar ben y cyfan cyn eu pobi.)
4. Torrwch yr wyau wedi'u berwi yn eu hanner a rhowch nhw ar ben y gymysgedd tatws a chennin. Arllwyswch y saws caws drostyn nhw. Cymysgwch y caws a gadwyd o'r neilltu gyda'r briwsion bara a'u sgeintio dros y saws, ac yna'r menyn ac ychydig o nytmeg.
5. Pobwch am 15–20 munud tan ei fod wedi crimpio.

Anglesey eggs

A traditional comfort food recipe ideal for vegetarians and delicious served with slices of home-cooked ham.

Serves 4

INGREDIENTS

- 3 small leeks
- 500g hot mashed potatoes
- 50g butter
- Salt and black pepper
- 30g plain flour
- 300ml hot milk
- 75g Welsh Cheddar
- 6 hard-boiled eggs
- 2 tbsps fresh breadcrumbs
- Grated nutmeg

METHOD

1. Preheat the oven to 180°C / 160°C Fan / Gas 4.
2. Wash and slice the leeks then cook in a little water. Pour into a bowl and add the mashed potatoes and half the butter, and season with salt and pepper before mixing well. Place in a buttered, ovenproof dish.
3. Make the cheese sauce by melting 25g of the butter in a small pan, add the flour, stir and cook for 2 minutes over a low heat. Stir in the milk, add the grated cheese and simmer, stirring, until it thickens. (Reserve a little cheese for sprinkling over the finished dish.)
4. Cut the eggs in half and place on the potato and leek mixture. Pour the cheese sauce over. Mix the reserved cheese with the breadcrumbs and sprinkle over the sauce. Dot with the remaining butter and add a little grated nutmeg over the top.
5. Bake for 15–20 minutes until nicely browned.

Selsig a chennin mewn cytew seidr

Dyma bryd i godi'ch calon, ac mae'n swper perffaith i'r teulu. Gallwch ei weini gyda rhywfaint o lysiau'r tymor.

Digon i 4

CYNHWYSION

- 3 wy mawr
- 125ml llaeth
- 125ml seidr (dewisol – defnyddiwch fwy o laeth yn ei le fel arall)
- 120g blawd wedi'i hidlo
- 1 llwy fwrdd mwstard
- 3 sbrigyn rhosmari
- 4 llwy fwrdd olew had rêp
- 8 selsigen borc
- 6 cenhinen fach

DULL

1. Curwch yr wyau gyda chwisg tan eu bod yn ewynnog ac yn drwchus cyn eu tywallt dros y llaeth a'r seidr. Torrwch y rhosmari yn fân.
2. Hidlwch y blawd i bowlen, creu pant yn y canol ac ychwanegu'r gymysgedd wy yn raddol, gan ei chwyrlïo nes i'r cyfan ddod ynghyd.
3. Ychwanegwch y mwstard a'r rhosmari, halen a phupur a throi'r cyfan. Gadewch y cytew i sefyll am o leiaf hanner awr.
4. Cynheswch y popty i 200°C / 180°C Ffan / Nwy 6.
5. Rhowch hanner yr olew mewn tun rhostio (â'i waelod yn mesur 29 x 23cm) a'i roi i dwymo yn y popty. Ychwanegwch y selsig a'u troi yn y braster, cyn eu rhoi yn ôl yn y popty i rostio am 15 munud. Ychwanegwch y cennin a'u troi yn yr olew a'u coginio am 10 munud.
6. Tynnwch y selsig a'r cennin o'r tun rhostio. Codwch wres y popty i 220°C / 200°C Ffan / Nwy 7. Rhowch weddill yr olew yn y tun a phan fydd y popty'n boeth, cynheswch yr olew tan ei fod yn troi'n fyglyd.
7. Tynnwch y tun yn ofalus o'r popty. Rhowch y cennin i mewn, cyn tywallt y cytew i'r tun ac ychwanegu'r selsig. Rhowch y tun yn ôl yn y popty am 25 munud tan fod y cytew wedi codi ac yn euraid.

Sausage and leeks in cider batter

The perfect family supper – this is pure comfort food which you can serve with some seasonal vegetables.

Serves 4

INGREDIENTS

- 3 large eggs
- 120g flour, sifted
- 125ml milk
- 125ml cider (optional, or add more milk instead)
- 1 tbsp mustard
- 3 sprigs rosemary
- 4 tbsps rapeseed oil
- 8 pork sausages
- 6 baby leeks, not too fine

METHOD

1. Beat the eggs with an electric hand mixer until they are foamy and thick.
2. Add the flour, milk and cider bit by bit, alternating between flour and liquid, while still beating on a low speed, until everything is incorporated. Chop the rosemary.
3. Add the mustard and rosemary and stir through. Leave the batter to sit for at least half an hour.
4. Preheat the oven to 200°C / 180°C Fan / Gas 6.
5. Put half the oil in a roasting tin (base measurement of 29 x 23cm) and heat it in the oven. Add the sausages, turning them over in the fat, then return to the oven to roast for 15 minutes. Add the leeks, turn them over in the fat along with the sausages and roast for another 10 minutes.
6. Remove the leeks and sausages from the roasting tin. Turn the oven up to 220°C / 200°C Fan / Gas 7. Put the rest of the oil into the tin and, when the oven is hot, heat this until smoking. Carefully remove the tin from the oven.
7. Lay the leeks in it, pour the batter on top then add the sausages. Return to the oven for 20 minutes. The batter should be puffed up and golden.

Selsig, ffa a seidr mewn un potyn

Defnyddiwch unrhyw fath o selsig ar gyfer y rysáit hon – rhai plaen, gyda blas neu selsig helgig.

Digon i 4

CYNHWYSION

- 100g sialóts banana
- 3 ewin garlleg
- 150g moron
- 1 genhinen fawr
- 3 llwy fwrdd olew had rêp
- 8 selsigen fawr
- 1 llwy fwrdd hadau ffenigl
- 2 ddeilen llawryf
- 500ml seidr sych
- 1 tun 400g ffa gwyn, wedi'u draenio

DULL

1. Pliciwch a haneru'r sialóts a sleisio'r garlleg, y moron a'r cennin.
2. Cynheswch 1 llwy fwrdd o olew mewn dysgl gaserol fawr dros wres canolig a choginiwch y selsig tan eu bod yn frown drostynt. Tynnwch nhw allan o'r badell a'u rhoi o'r neilltu.
3. Ychwanegwch weddill yr olew, yna'r sialóts, a'u ffrio am 5 munud tan fod y sialóts yn dechrau brownio. Ychwanegwch y garlleg a choginio am 2 funud arall. Ychwanegwch y moron a'r cennin a'u ffrio am 10 munud arall.
4. Cymysgwch yr hadau ffenigl a'r dail llawryf i mewn ac arllwys y seidr dros y cyfan. Dewch â'r cyfan i'r berw am 3 munud ac yna ei leihau tan ei fod yn mudferwi a dychwelyd y selsig gyda'r caead ymlaen. Coginiwch nhw am 20 munud, yna ychwanegwch y ffa gwyn a choginio am 10 munud arall tan fod y llysiau i gyd wedi'u coginio ond yn dal yn eithaf cadarn. Ychwanegwch sesnin at eich dant.
5. Gweinwch y saig mewn powlenni bas cynnes gyda thatws stwnsh neu fara crystiog.

Sausage, bean and cider one pot

You can vary the sausages for this one pot dish by using plain, flavoured or game sausages.

Serves 4

INGREDIENTS

- 100g banana shallots
- 3 garlic cloves
- 150g carrots
- 1 large leek
- 3 tbsps rapeseed oil
- 8 large sausages
- 1 tbsp fennel seeds
- 2 bay leaves
- 500ml dry cider
- 1 x 400g tin butter beans, drained

METHOD

1. Peel and halve the shallots lengthways and slice the garlic, carrots and leek.
2. Heat 1 tablespoon of oil in a large ovenproof casserole over a medium heat and cook the sausages until brown all over. Remove from the pan and set aside.
3. Add the remaining oil, then the shallots, and fry for 5 minutes until the shallots are beginning to brown. Add the garlic and cook for a minute, then add the carrots and leek and fry for a further 10 minutes.
4. Mix in the fennel seeds and bay leaves and pour over the cider. Bring to a boil for 3 minutes then reduce to a simmer. Return the sausages to the pan and cover with a lid. Leave to cook for 20 minutes then add the butterbeans and cook for a further 10 minutes until the vegetables are all cooked but still have some bite. Taste for seasoning.
5. Spoon into warmed shallow bowls and serve with mashed potato or crusty bread.

Pissaladière

Dyma rysáit o ardal Provence lle defnyddir toes burum ond mae defnyddio crwst parod dipyn yn gynt! Does dim rhaid ychwanegu tomatos – mae melyster y winwns ar ôl eu coginio'n araf yn bartner perffaith i halltrwydd y brwyniaid a'r olifau.

Digon i 4–6

CYNHWYSION

- 5 winwnsyn
- 2 lwy fwrdd olew
- 4 ewin garlleg
- 1 llwy fwrdd teim ffres wedi'i dorri
- 1 sbrigyn rhosmari
- 6 tomato canolig
- 2 lwy fwrdd piwrî tomato
- 1 llwy de siwgr
- 375g crwst pwff wedi'i rolio'n barod
- 2 dun brwyniaid
- 10 olif du

DULL

1. Cynheswch y popty i 200°C / 180°C Ffan / Nwy 6.
2. Pliciwch y winwns, eu sleisio'n denau a'u coginio yn yr olew mewn padell ffrio am 10 munud cyn ychwanegu'r garlleg wedi'i dorri'n fân, y teim, y rhosmari a halen a phupur. Torrwch y tomatos yn fras a'u hychwanegu at y winwns ynghyd â'r piwrî tomato a chymysgu'n dda. Rhowch gaead ar y badell dros wres isel a choginio am tua 40 munud tan fod y winwns yn dyner, gan dynnu'r caead yn ystod y 10 munud olaf. Ychwanegwch y siwgr a throi'r cyfan yn dda a'i adael i oeri, gan waredu'r rhosmari.
3. Rhowch y crwst ar dun maint 23 x 30cm. Torrwch y brwyniaid yn eu hanner ar eu hyd. Taenwch y winwns dros y crwst, yna rhowch y brwyniaid mewn patrwm diemwntiau gan roi olif yng nghanol pob un.
4. Rhowch y *pissaladière* yn y popty i bobi am 25–30 munud tan fod y crwst yn euraid.
5. Torrwch y crwst yn sgwariau a'i weini yn gynnes neu'n oer gyda salad.

Pissaladière

A close relative to the pizza, this is widely made in Provence, where they use a yeast dough but ready-made puff pastry is much quicker! You can omit the tomatoes as the sweetness of the slow-cooked onions pairs well with the saltiness of the anchovies and olives.

Serves 4–6

INGREDIENTS

- 5 onions
- 2 tbsps olive oil
- 4 garlic cloves
- 1 tbsp fresh thyme, chopped
- 1 sprig rosemary
- 6 medium-sized tomatoes
- 2 tbsps tomato puree
- 1 tsp sugar
- 375g ready rolled puff pastry
- 2 tins anchovies
- 10 black olives

METHOD

1. Preheat the oven to 200°C / 180°C Fan / Gas 6.
2. Peel and thinly slice the onions and sauté in the oil in a frying pan for 10 minutes, then add the garlic, thyme and rosemary and season with salt and pepper. Roughly chop the tomatoes and add to the onions along with the tomato puree and mix well. Cover, reduce the heat to low and cook for around 40 minutes until they have softened and caramelised. Remove the sprig of rosemary, add the sugar, mix well and leave to cool.
3. Unroll the pastry onto a 23 x 30cm baking tray. Spread the onion and tomato mixture over the pastry. Cut the anchovies in half lengthways and lay in a criss-cross pattern over the onions. Place an olive in the centre of each diamond.
4. Cook in the oven for 25–30 minutes until the pastry is golden.
5. Cut into squares and serve warm or cold with a salad.

Tsili cig carw a ffa du

Mae cig carw yn iach, heb lawer o fraster, sy'n gwneud tsili blasus. Toddwch ambell ddarn o siocled tywyll wrth orffen coginio am flas cyfoethog a llyfn.

Digon i 4

CYNHWYSION

- 1 winwnsyn mawr wedi'i blicio a'i sleisio
- 3 ewin garlleg
- 1 tsili coch
- 2 lwy fwrdd olew had rêp
- 500g briwgig carw
- 1 llwy de cwmin mâl
- 1 llwy de coriander mâl
- 1 llwy de paprica wedi'i fygu
- 2 dun 400g tomatos cyfan neu 1kg tomatos cyfan
- 2 lwy fwrdd piwrî tomato
- 250ml stoc cig eidion neu lysiau
- 1 tun 400g ffa du
- 2 lwy fwrdd dŵr mwg Halen Môn (dewisol)

DULL

1. Pliciwch a sleisiwch y winwns, gwasgu'r garlleg a thynnu hadau'r tsili a'i dorri'n fân. Cynheswch 2 lwy fwrdd o olew had rêp mewn padell fawr a ffrio'r winwnsyn tan ei fod yn feddal. Ychwanegwch y briwgig carw a'i goginio tan ei fod wedi brownio drosto, gan ei chwalu'n llai gyda llwy.
2. Ychwanegwch y garlleg a'r sbeisys a choginio am ychydig funudau, yna ychwanegu'r tomatos (torrwch y rhai ffres yn fras os ydych yn eu defnyddio), y piwrî a'r stoc a mudferwi am 45 munud.
3. Yna ychwanegwch y ffa a choginio am 15 munud arall tan fod y saws wedi lleihau. Ychwanegwch y dŵr mwg a chymysgu'r cyfan.
4. Rhowch y cyfan mewn powlenni neu ar blatiau mawr a'i weini gyda reis a hufen sur.

Venison and black bean chilli

Venison is a lean and healthy meat which makes for a delicious chilli. Melt a few chunks of dark chocolate at the end for a smooth, rich finish.

Serves 4

INGREDIENTS

- 1 large onion
- 3 cloves garlic
- 1 red chilli
- 2 tbsps rapeseed oil
- 500g venison mince
- 1 tsp ground cumin
- 1 tsp ground coriander
- 1 tsp smoked paprika
- 2 x 400g tins plum tomatoes or 1kg fresh tomatoes
- 2 tbsps tomato puree
- 250ml beef or vegetable stock
- 1 x 400g tin black beans
- 2 tbsps Halen Môn smoked water (optional)

METHOD

1. Peel and slice the onion, crush the garlic and deseed and finely chop the chilli. Heat the oil in a large pan and fry the onion until soft. Add the venison and cook until browned all over, breaking it up with a spoon.
2. Add the garlic and spices and cook for a few minutes then add the tomatoes (roughly chop the fresh tomatoes if using), puree and stock and simmer for 45 minutes.
3. Pour in the beans and cook for a further 15 minutes until the sauce has reduced. Add the smoked water and mix.
4. To serve, spoon into large bowls or plates and serve with rice and soured cream.

Pilaff ffesant a winwns sbeislyd

Mae modd defnyddio brest cyw iâr yn lle'r ffesant ond bydd angen pum munud ychwanegol wrth ei goginio yn y ffwrn, gan ddibynnu ar drwch y cig.

Digon i 4

CYNHWYSION

- 4 brest ffesant
- 4 ewin garlleg
- Sudd ½ lemon
- 3 winwnsyn
- 25g menyn
- 3 llwy fwrdd olew had rêp
- 15g sbrigynnau teim
- 15g llysiau'r gwewyr ffres
- 3 llwy de pupur Jamaica
- 1 llwy de sinamon
- 200g reis basmati

DULL

1. Rhowch y ffesantod mewn marinâd drwy wasgu 2 ewin garlleg a'u cymysgu gyda'r sudd lemon. Ychwanegwch halen a phupur a gosod y brestiau yn y gymysgedd hon am 30 munud ar dymheredd yr ystafell.
2. Pliciwch y winwns a'u sleisio'n denau a gwasgu gweddill y garlleg. Toddwch y menyn a 2 lwy fwrdd o olew mewn padell *sauté* fawr dros wres canolig i uchel ac ychwanegu'r winwns a'r garlleg. Coginiwch nhw am 25 munud gan eu troi'n rheolaidd tan fod y winwns wedi carameleiddio a throi'n frown. Tynnwch y dail o'r teim a thorri llysiau'r gwewyr, gan gynnwys y coesau, yna ychwanegwch nhw at y winwns hanner ffordd drwy'r broses goginio.
3. Golchwch y reis o dan ddŵr oer o'r tap tan fod y dŵr yn glir ac yna'i ychwanegu at y winwns ynghyd â'r sbeisys, a'u troi'n dda. Ychwanegwch halen ac arllwys 425ml o ddŵr berw drosto. Trowch y cyfan, ei orchuddio a'i adael i goginio ar wres isel am 20–30 munud tan y bydd y reis wedi'i goginio, ac yna ei dynnu oddi ar y gwres.
4. Tra mae'r reis yn coginio cynheswch y popty i 200°C / 180°C Ffan / Nwy 6. Cynheswch 1 llwy fwrdd o olew mewn padell ffrio a brownio'r brestiau ffesantod ar y ddwy ochr, eu gorchuddio â ffoil cyn eu rhoi yn y popty i goginio am 10 munud arall.
5. Arllwyswch y reis pilaff ar blât gweini cynnes gan roi'r ffesant ar ei ben. Gorffennwch gydag ychydig o sbrigynnau o lysiau'r gwewyr a gweini'r pryd gydag iogwrt naturiol.

43

Spiced pheasant and onion pilaf

You can replace the pheasant with chicken breast but you will need to cook them in the oven for 5 minutes longer depending on their thickness.

Serves 4

INGREDIENTS

- 4 garlic cloves
- Juice of ½ lemon
- 4 pheasant breasts
- 3 onions
- 25g butter
- 3 tbsps rapeseed oil
- 15g thyme sprigs
- 15g fresh dill
- 200g basmati rice
- 3 tsps allspice
- 1 tsp cinnamon

METHOD

1. Marinade the meat by crushing 2 garlic cloves and mixing with the lemon juice. Season well with salt and pepper and lay the breasts in this mixture for 30 minutes at room temperature.
2. Peel and thinly slice the onions and crush the remaining garlic. Melt the butter with 2 tablespoons of oil in a large sauté pan over a medium-high heat and add the onions and garlic. Cook, stirring frequently for 25 minutes until the onions have caramelised and turned brown. Remove the leaves from the thyme and chop the dill, including the stalks, then add to the onions halfway through cooking.
3. Wash the rice under cold running water until the water runs clear, then add to the onions along with the spices and stir well. Season with salt and pour over 425ml of boiling water. Stir, cover and leave to cook on a low heat for 20–30 minutes until the rice is cooked, then remove from the heat.
4. While the rice is cooking heat the oven to 200°C / 180°C Fan / Gas 6. Heat a tablespoon of oil in a frying pan and brown the breasts on both sides, cover with foil before transferring to the oven to cook for a further 10 minutes.
5. Tip the pilaf rice onto a warm serving plate and top with the pheasant. Garnish with some dill sprigs and serve with natural yoghurt.

Cig eidion Cymreig gyda chnau castan

Pryd gaeafol o lysiau a ffrwythau tymhorol i'ch cysuro yn y tywydd oer.

Digon i 6–8

CYNHWYSION

- 2 winwnsyn
- 4 ewin garlleg
- 3 llwy fwrdd olew had rêp
- 300g moron
- 1kg stêc brwysio cig eidion Cymreig wedi'i dorri'n sleisys tenau
- 300ml gwin coch
- 300ml stoc cig eidion
- 1 ddeilen llawryf
- 1 llwy fwrdd dail teim
- 300g llugaeron ffres neu wedi'u rhewi
- 180g cnau castan wedi'u coginio
- 1 oren

DULL

1. Cynheswch y popty i 150°C / 130°C Ffan / Nwy 2.
2. Pliciwch y winwns a'u sleisio'n denau, a gwasgwch y garlleg yn fân. Cynheswch 1 llwy fwrdd o'r olew mewn padell ffrio a choginio'r winwns am 5 munud. Torrwch y moron yn siâp *baton* neu ffyn trwchus a'u hychwanegu at y winwns a'u coginio am 5 munud arall. Rhowch y llysiau i gyd mewn dysgl gaserol â chaead, addas i'r popty.
3. Rhowch weddill yr olew yn y badell ffrio. Sesnwch y cig gyda halen a phupur a brownio pob ochr yn yr olew cyn ei roi yn y ddysgl gaserol gyda'r llysiau.
4. Llaciwch weddillion y badell ffrio trwy arllwys ychydig o'r gwin iddi a chrafu'r gwaddod, yna ei arllwys dros y cig gyda'r stoc, y perlysiau a halen a phupur. Rhowch gaead ar ben y cyfan a'i goginio am 2 awr. Yna ychwanegwch y llugaeron, y cnau castan a chroen yr oren a'i goginio am awr arall.
5. Tynnwch y ddysgl o'r popty a'i weini gyda thatws a seleriac stwnsh a llysiau gwyrdd wedi'u stemio.

Slow-cooked Welsh beef with chestnuts

A comforting winter dish of seasonal fruit and vegetables.

Serves 6–8

INGREDIENTS

- 2 medium onions
- 4 cloves garlic
- 300g carrots
- 3 tbsps oil
- 1kg Welsh beef braising steak cut into thin slices
- 300ml red wine
- 300ml beef stock or water
- 1 bay leaf
- 1tbsp fresh thyme leaves
- 300g fresh or frozen cranberries
- 180g cooked chestnuts
- 1 orange

METHOD

1. Preheat the oven to 150°C / 130°C Fan / Gas 2.
2. Peel and thinly slice the onions and crush the garlic. Cut the carrots into batons. Heat 1 tablespoon of oil in a frying pan and cook the onions for about 5 minutes, stir in the garlic and carrots and cook for another 5 minutes. Place the vegetables in a casserole dish.
3. Add the remaining oil to the pan, season the beef with salt and black pepper and brown the meat on both sides before adding to the casserole.
4. Deglaze the pan with some of the wine, scraping all the sediment off the bottom, and pour over the meat along with the stock, bay leaf, thyme leaves and seasoning. Cover and cook in the oven for 2 hours then stir in the cranberries, chestnuts and the zest of the orange. Return to the oven for a further hour.
5. Remove from the oven and serve with mashed potatoes and celeriac and steamed greens.

Cinio nŵdls mewn pot

Cinio hwylus a iachus y gellir ei baratoi ymlaen llaw. Mae modd ychwanegu darnau tenau o unrhyw gig wedi'i goginio neu bysgod neu gorgimychiaid.

Digon i 1

CYNHWYSION

- 1 ewin garlleg
- Darn 3cm sinsir ffres
- ¼ tsili coch (dewisol)
- 2 sibwnsen
- 2 lwy de saws soi
- 1 foronen
- 3 madarchen
- ¼ pupur coch
- 20g pys neu bys melys
- 20g cnau mwnci (dewisol)
- Llond llaw ysbigoglys neu *pak choi*
- 1 nyth nŵdls reis *vermicelli*

DULL

1. Pliciwch a gratio'r garlleg a'r sinsir a'u rhoi mewn jar â chlawr tua 500ml sy'n dal gwres. Torrwch y tsili yn fân a thorri'r sibwns yn sleisys tenau a rhoi'r ddau yn y jar gyda'r saws soi.
2. Gratiwch neu blíciwch y moron a thorri'r madarch a'r pupur coch yn sleisys. Rhowch nhw mewn haenau ar ben y cynhwysion eraill yn y jar.
3. Rhowch y pys wedi dadlaith (os ydych yn defnyddio rhai wedi rhewi) neu'r pys melys wedi'u torri'n sleisys a'r cnau mewn haenen arall ar eu pen.
4. Ychwanegwch y dail ysbigoglys neu *pak choi,* wedyn y nŵdls. Rhowch gaead ar ben y cyfan a'i adael yn yr oergell am hyd at 5 diwrnod.
5. I'w weini, arllwyswch tua 300ml o ddŵr berw dros y cynhwysion, eu troi'n dda, rhoi caead ar ben y cyfan, yna ei adael am 8–10 munud. Os mynnwch, ychwanegwch wasgiad o sudd lemon neu leim cyn ei fwyta.

DIY pot noodle

A handy, healthy lunch on the go which can be pre-prepared. You can vary the dish by adding any shredded cooked meats, fish or prawns.

Serves 1

INGREDIENTS

- 1 garlic clove
- 3cm fresh ginger
- ¼ red chilli (optional)
- 2 spring onions
- 2 tsps soy sauce
- 1 carrot
- 3 mushrooms
- ¼ red pepper
- 20g peas or sugar snap peas
- 20g peanuts (optional)
- Handful spinach or pak choi
- 1 nest vermicelli rice noodles

METHOD

1. Peel and grate the garlic and ginger and put in the base of a 500ml heatproof lidded jar. Finely chop the chilli and thinly slice the spring onions and add to the jar along with the soy sauce.
2. Peel or grate the carrot and slice the mushrooms and pepper and add in layers on top of the other ingredients in the jar.
3. Then add the defrosted frozen peas (if using) or slice the sugar snap peas and add with the peanuts to the jar.
4. Layer the spinach leaves or pak choi on top and finally the noodles. Cover with the lid and leave in the refrigerator for up to 5 days.
5. To serve, pour around 300ml of boiling water over the ingredients, mix well then add the lid and leave for 8–10 minutes before eating. You can season with a squeeze of lemon or lime juice.

Dail

Bresych, blodfresych, betys arian, cêl, ysbigoglys

Dylid coginio'r bresych heb gaead er mwyn cadw'r lliw gwyrdd llachar. Un o rinweddau bresych coch yw ei liw bendigedig a'i ansawdd sy'n fwy clòs a chadarn na'r un gwyrdd ac felly'n ddelfrydol ar gyfer saig gyfoethog, wedi ei choginio'n araf fel y bresych coch a llugaeron. Wrth ychwanegu asid fel finegr neu win mae'r lliw yn aros yn borffor-goch llachar.

Brassicas – leaves

Cabbage, cauliflowers, chard, kale, spinach

Always cook cabbage with the lid off to keep it bright green. The virtue of red cabbage is its incredible colour and firmer, closer texture than green so it is ideal for a rich, slow-cooked dish like the braised cabbage. By adding acid such as vinegar or wine the colour stays a bright magenta.

Torth gnau a dail bresych

Rysáit berffaith yn lle pryd o gig dros y Nadolig – mae'r dorth gnau hon yn cyfuno hoff flasau'r ŵyl.

CYNHWYSION

- 1 banasen fawr
- 4–6 deilen allanol bresych Savoy
- 150g cnau Ffrengig
- 1 winwnsyn coch
- 30g menyn
- 150g madarch castan
- 120g cnau castan wedi'u coginio
- 100g caws glas fel Perl Las, Trefaldwyn Blue, Môn Las
- 100g briwsion bara
- 2 lwy fwrdd saets wedi'i dorri
- 1 wy

DULL

1. Cynheswch y popty i 200°C / 180°C Ffan / Nwy 6. Pliciwch a chwarteru'r pannas a choginio'r darnau mewn dŵr berw tan eu bod yn feddal. Gwaredwch y dŵr a'u stwnsio.
2. Leiniwch dun torth 20 x 10 x 7cm â ffoil a'i iro'n dda. Rhowch y dail bresych mewn dŵr berw am funud, yna yn syth i mewn i ddŵr rhewllyd. Sychwch nhw a'u defnyddio i leinio'r tun gan adael peth o'r dail i hongian dros yr ochr.
3. Tostiwch y cnau mewn padell ffrio sych dros wres cymedrol a'u torri'n fras.
4. Pliciwch a thorri'r winwns yn fân, yna toddwch y menyn gyda'r olew mewn padell a ffrio'r winwns dros wres cymedrol am 5 munud. Torrwch y madarch yn fras a'u hychwanegu i'r winwns a'u coginio am 6–7 munud tan eu bod yn feddal. Arllwyswch nhw i bowlen fawr.
5. Ychwanegwch y cnau, y cnau castan wedi'u torri'n fras, y briwision bara, y saets, y pannas a'r wy wedi'i guro. Briwsionwch y caws glas yn fras a'i ychwanegu i'r cynhwysion eraill. Cymysgwch bopeth yn dda ac ychwanegu halen a phupur cyn ei arllwys i'r tun. Plygwch y dail dros yr wyneb.
6. Gorchuddiwch y dorth gnau yn dynn gyda'r ffoil a'i phobi am 45 munud, cyn agor y ffoil a'i phobi am 15 munud arall. Tynnwch hi o'r popty a'i rhoi ar blât cynnes, gan dynnu'r ffoil cyn ei gweini.

Cabbage leaf and nut loaf

A perfect alternative to meat over the festive period, this version of a nut loaf combines some of the season's favourite flavours.

INGREDIENTS

- 1 large parsnip
- 4–6 outer leaves of a Savoy cabbage
- 150g walnuts
- 30g butter
- 1 red onion
- 150g chestnut mushrooms
- 120g cooked chestnuts
- 100g blue cheese, e.g. Perl Las, Trefaldwyn Blue, Môn Las
- 100g breadcrumbs
- 2 tbsps chopped sage
- 1 egg

METHOD

1. Heat the oven to 200°C / 180°C Fan / Gas 6. Peel and quarter the parsnips and cook in boiling water until tender. Drain and mash.
2. Line a 20 x 10 x 7cm loaf tin with foil and grease well. Blanch the cabbage leaves in boiling water for 1 minute then plunge the leaves into iced water, dry and use to line the tin, letting any excess hang over the sides.
3. Toast the nuts in a dry pan over a medium heat then roughly chop.
4. Peel and finely chop the onion, then melt the butter in a frying pan and cook the onion over a medium heat for 5 minutes. Roughly chop the mushrooms and add to the onions and cook for 6–7 minutes until soft, then pour into a large mixing bowl.
5. Add the nuts, chestnuts roughly chopped, breadcrumbs and sage, mashed parsnips and the beaten egg. Roughly crumble the blue cheese into the other ingredients. Mix well and season with sea salt and pepper. Spoon the mixture into the tin and fold over the cabbage leaves on top.
6. Cover tightly with foil and bake for 45 minutes before removing the foil lid and baking for a further 15 minutes. Remove from the oven and turn out onto a warm plate, remove the foil and serve.

Bresych coch sbeislyd a llugaeron

Rysáit ddefnyddiol ar gyfer y gaeaf gan ei fod yn cadw am 7 diwrnod yn yr oergell cyn ei ailgynhesu. Mae hefyd yn rhewi'n dda ac yn bartner perffaith i borc, ham neu dwrci.

Digon i 8

CYNHWYSION

- 1 winwnsyn coch
- 40g menyn
- 1 ffon sinamon
- 1 seren anis
- ½ llwy de nytmeg
- 8 clof cyfan
- 1 fresychen goch
- 2 afal bwyta
- 4 llwy fwrdd finegr gwin coch
- 4 llwy fwrdd siwgr brown
- 100g llugaeron sych

DULL

1. Pliciwch y winwns a'u torri'n denau. Toddwch y menyn mewn sosban fawr dros wres cymedrol a'u coginio am 5 munud. Ychwanegwch y sbeisys a'u coginio am funud.
2. Torrwch y bresych yn chwarteri, tynnwch y canol a thorri'r dail yn ddarnau pob siâp cyn eu hychwanegu at y winwns. Trowch nhw'n dda yn y menyn a'u coginio am 10 munud cyn gratio'r afal a'i ychwanegu at y bresych.
3. Ychwanegwch y finegr a'r siwgr i'r bresych cyn gostwng y gwres a'i goginio am awr gan ei droi bob hyn a hyn.
4. Rhowch y llugaeron yn y sosban a'i goginio am hanner awr arall. Sesnwch gyda halen a phupur ac ychydig o fenyn cyn ei weini.

Spiced red cabbage with cranberries

This is a handy dish to prepare in the winter as it will keep in the refrigerator for around 7 days before reheating. It also freezes well and is a perfect accompaniment to pork, ham or turkey.

Serves 8

INGREDIENTS

- 1 red onion
- 40g butter
- 1 cinnamon stick
- 1 star anise
- ½ tsp freshly ground nutmeg
- 8 whole cloves
- 1 red cabbage
- 2 eating apples
- 4 tbsps red wine vinegar
- 4 tbsps brown sugar
- 100g dried cranberries

METHOD

1. Peel and finely slice the onion. Melt the butter in a large pan over a medium heat, add the onion and cook for 5 minutes. Stir in the spices and cook for 1 minute.
2. Cut the cabbage into quarters, remove the core and cut into irregular chunks, then add to the onions and sauté for 10 minutes until coated in butter. Chop or grate the apple and add to the cabbage, mixing well.
3. Pour in the vinegar and add the sugar then reduce the heat to low and cook for an hour, stirring now and again.
4. Add the cranberries and cook for a further 30 minutes. Season with sea salt and pepper and stir in a knob of butter before serving.

Salad canol gaeaf

Mae modd gweini hwn fel cwrs cyntaf ysgafn neu gyda chigoedd wedi'u coginio fel ham, cyw iâr, porc neu dwrci.

Digon i 4–6

CYNHWYSION

- ½ bresychen goch
- 1 winwnsyn coch
- 2 goes seleri
- 2 foronen ganolig
- 1 afal bwyta
- Sudd lemon
- 200g caws glas fel Perl Las, Môn Las neu Trefaldwyn Blue
- 50g cnau Ffrengig

Dresin
- 2 lwy fwrdd finegr gwin coch
- 2 lwy de mwstard Ffrengig
- 3 llwy fwrdd olew cnau daear
- 2 lwy fwrdd olew cnau Ffrengig
- 1 llwy de mêl

DULL

1. Torrwch y bresych, y winwns a'r seleri yn sleisys tenau. Gratiwch neu dorri'r moron yn ddarnau hir a thenau a thorri'r afal yn chwarteri ac wedyn yn sleisys tenau – rhowch sudd lemon drostyn nhw i'w cadw rhag troi'n frown. Rhowch bopeth mewn powlen a'i gymysgu.
2. Rhwygwch y caws yn ddarnau eithaf mawr. Tostiwch y cnau yn sych, eu torri'n fras a'u hychwanegu i'r llysiau a'r afalau ynghyd â'r caws.
3. I baratoi'r dresin, cymysgwch y finegr a'r mwstard gyda halen a phupur cyn ychwanegu'r ddau olew iddyn nhw. Blaswch ac ychwanegu'r mêl os oes angen.
4. Rhowch y salad ar blatiau ac arllwys y dresin drosto cyn ei weini.

Midwinter salad

Serve as a light starter or as an accompaniment to cooked meats such as ham, chicken, pork or turkey.

Serves 4–6

INGREDIENTS

- ½ red cabbage
- 1 red onion
- 2 sticks celery
- 2 medium carrots
- 1 eating apple
- Juice of 1 lemon
- 200g blue cheese, e.g. Trefaldwyn Blue, Perl Las, Môn Las
- 50g walnuts

Dressing
- 3 tbsps groundnut oil
- 2 tbsps walnut oil
- 2 tbsps red wine vinegar
- 2 tsps French mustard
- 1 tsp honey

METHOD

1. Thinly slice the cabbage, onion and celery. Grate or cut the carrots into thin matchsticks and cut the apple into quarters, core, then slice thinly and pour over the lemon juice to stop them turning brown. Mix everything together in a large bowl.
2. Toast the nuts in a dry pan until golden then chop roughly and add to the cabbage mixture. Crumble the cheese and mix into the cabbage mixture.
3. To make the dressing, whisk the vinegar and mustard with a pinch of sea salt and some pepper then gradually add the oils. Taste then whisk in the honey if needed.
4. Divide the salad onto serving plates and pour over the dressing before serving.

Hash cyw iâr, chorizo a chêl

Digon i 4

CYNHWYSION
- 150g chorizo
- 1 genhinen
- 300g tatws wedi'u coginio
- 2 lond llaw cêl
- 2 ewin garlleg
- 2 lwy fwrdd olew olewydd
- Dail teim ffres
- 4 brest cyw iâr neu ffesant
- Talp o fenyn
- Llond llaw persli wedi'i dorri
- Saws Swydd Gaerwrangon
- 4 wy

Mae modd defnyddio unrhyw gig wedi'i goginio yn y rysáit hon sydd hefyd yn gwneud pryd 'brecinio' gwych. Defnyddiwch unrhyw ddail gwyrdd yn lle'r cêl, fel ysbigoglys, *cavolo nero* neu *chard*.

DULL

1. Torrwch y chorizo a'r cennin yn sleisys a thorri'r tatws wedi'u coginio, y cêl a'r garlleg. Cynheswch yr olew olewydd mewn padell ffrio fawr ac ychwanegu'r chorizo. Ffrïwch am 1 funud, yna ychwanegwch y genhinen a'i ffrio am 2 funud arall. Pan fydd y cennin yn feddal a'r chorizo yn rhyddhau ei olew, ychwanegwch y tatws, y cêl, y garlleg a'r teim. Sesnwch yn dda a'u ffrio tan fod y tatws yn frown euraid a'r cêl yn feddal.
2. Torrwch y cig yn giwbiau. Mewn padell arall, toddwch y menyn a ffrio'r cig dros wres cymedrol nes iddo goginio, gan ei droi ar ôl hanner yr amser. Gadewch iddo orffwys am ychydig funudau ac yna ei ychwanegu i'r badell arall.
3. Ychwanegwch y persli wedi'i dorri a joch go dda o saws Swydd Gaerwrangon. Sesnwch at eich dant os oes angen.
4. Ffrïwch neu botsio'r wyau a'u gweini ar ben yr hash.

Chicken, chorizo and kale hash

Serves 4

INGREDIENTS
- 150g chorizo
- 1 leek
- 300g cooked potatoes
- 2 handfuls kale
- 2 cloves garlic
- 2 tbsps olive oil
- 4 chicken or pheasant breasts
- Knob of butter
- Fresh thyme leaves
- Handful chopped parsley
- Worcestershire sauce
- 4 eggs

This is a good recipe to use leftover cooked meat and is a great brunch dish. Use any leafy greens instead of kale, such as spinach, cavolo nero or chard.

METHOD

1. Slice the chorizo and leek and chop the cooked potatoes, kale and garlic. Heat the olive oil in a large frying pan and add the chorizo. Fry for 1 minute, then add the leek and fry for a further 2 minutes. When the leek is soft and the chorizo has released its oils, add the potato, kale, garlic and thyme. Season well and fry until the potatoes are golden brown and the kale is soft.
2. Cube the meat and in another pan melt the butter and fry the meat over a moderate heat until cooked, turning halfway through. Leave to rest for a few minutes before cutting into cubes and adding to the other pan.
3. Stir in the chopped parsley and a good shake of Worcestershire sauce. Season to taste if required.
4. Fry or poach the eggs and serve on top of the hash.

Creision cêl

Mae'n well defnyddio gwres isel i bobi'r cêl er mwyn cadw cyfansoddion gweithredol y dail yn gyfan. Defnyddiwch hwn fel byrbryd neu ar ben cawl llyfn.

CYNHWYSION
- 200g cêl
- 2 lwy fwrdd olew olewydd
- ½ llwy fwrdd Halen Môn
- 2 lwy de paprica (dewisol)
- 2 lwy de siwgr brown

DULL
1. Cynheswch y popty i 140°C / 120°C Ffan / Nwy 1. Golchwch a sychu'r cêl yn drwyadl.
2. Torrwch ddarnau canol pob deilen i ffwrdd a thorri'r dail yn ddarnau yr un maint.
3. Cymysgwch y cêl gyda'r olew mewn powlen fawr gan dylino'r dail am funud i'w meddalu.
4. Ychwanegwch yr halen, y paprica a'r siwgr a chymysgu'n dda gyda'ch dwylo. Taenwch y dail ar ddau hambwrdd pobi wedi'u leinio â phapur gwrthsaim rhag iddyn nhw lynu.
5. Pobwch nhw am 15 munud, yna eu troi a'u pobi eto am 15–20 munud tan eu bod yn grimp. Peidiwch â gadael i'r dail frownio'n ormodol neu byddant yn chwerw.

Kale crisps

It's best to use gentle heat to bake the kale as this keeps the leaf's active compounds intact. Eat as a snack or as a crunchy garnish to smooth soups.

INGREDIENTS
- 200g kale
- 2 tbsps olive oil
- ½ tbsp Halen Môn sea salt
- 2 tsps paprika (optional)
- 2 tsps brown sugar

METHOD
1. Preheat the oven to 140°C / 120°C Fan / Gas 1. Wash and dry the kale thoroughly.
2. Cut away the inner ribs of the kale leaves and tear into similar size pieces.
3. In a large bowl toss the leaves with the oil, massaging the oil into the leaves for a minute so the leaves begin to soften.
4. Add the salt, paprika and sugar and mix well with your hands. Spread out in a single layer on two baking trays lined with baking parchment to prevent it sticking.
5. Bake for 15 minutes then turn the leaves and bake for a further 10–15 minutes until crisp. Do not let the leaves brown too much as they will become bitter.

Pakora cêl

Rysáit gan Saff, Swyddog Ymgysylltu Cymunedol gyda GRAFT, Amgueddfa Genedlaethol y Glannau, Abertawe, lle y caiff ei weini yn aml i'r gwirfoddolwyr yn yr ardd. Mae'n ddiglwten ac yn addas i feganiaid, gyda blasau isgyfandirol cryf.

Digon i 10

CYNHWYSION

- 130g cêl
- 2 ewin garlleg
- 1 winwnsyn coch
- 3 tsili gwyrdd
- ¼ bwnsiyn coriander
- ¼ bwnsiyn persli
- 2 lwy de garam masala
- 2 lwy de coriander
- 2 lwy de cwmin
- 2 lwy de tyrmerig
- 2 lwy de powdr tsili
- 1–2 lwy de halen
- 175g blawd gwycbys
- 175–250ml dŵr pefriog neu soda

DULL

1. Golchwch a sychu'r cêl yn drwyadl a'i dorri'n fân. Pliciwch y garlleg a'i dorri'n fân, torri'r winwns yn sleisys tenau, briwio'r tsili gwyrdd a thorri'r perlysiau yn fân. Rhowch y cêl, y winwns, y persli, y tsili a'r coriander mewn powlen fawr a'u cymysgu'n dda.
2. Ychwanegwch y sbeisys, yr halen a'r blawd a'u troi yn dda gan wneud yn siŵr bod y llysiau wedi eu gorchuddio i gyd.
3. Arllwyswch y dŵr yn raddol, ychydig ar y tro, wrth droi'r cynhwysion i ffurfio cytew trwchus.
4. Rhowch lwyaid o'r gymysgedd i goginio mewn woc wedi'i lenwi ag olew cynnes neu ffrïwr olew dwfn am tua munud bob ochr tan ei bod yn euraid a chrensiog. Gwnewch yr un peth gyda gweddill y gymysgedd.
5. Gweinwch y *pakoras* gydag iogwrt a chatwad mintys neu saws tsili melys.

Kale pakoras

A recipe by Saff, Community Engagement Officer at GRAFT, National Waterfront Museum, Swansea which is gluten free and vegan, punched with subcontinental flavours. This recipe is often prepared for the volunteers in the garden.

Serves 10

INGREDIENTS

- 130g kale
- 1 red onion, finely sliced
- 3 green chillies
- ¼ bunch coriander
- ¼ bunch parsley
- 2 tsps garam masala
- 2 tsps coriander powder
- 2 tsps ground cumin
- 2 tsps turmeric
- 2 tsps chilli powder
- 2 cloves garlic
- 1–2 tsps salt
- 175g chickpea flour
- 175–250ml soda or sparkling water

METHOD

1. Wash the kale thoroughly and dry using a colander, then chop finely. Peel and finely chop the garlic, finely slice the onion, mince the chillies and finely chop the herbs. In a large bowl add the kale, onion, parsley, chillies and coriander and mix them all together.
2. Add the spices and flour together and ensure the vegetables are completely covered.
3. Slowly add the water in stages while mixing the ingredients together, forming a thick batter consistency.
4. Using a spoon, drop the mixture into a wok filled with hot oil or deep fat fryer and cook for about a minute on each side until crispy and golden. Repeat with the remaining mixture in batches.
5. Serve with yoghurt and mint chutney or sweet chilli sauce.

Dhal blodfresych, moron ac ysbigoglys

Dyma fwyd cysur llawn maeth a blas y gallwch ei weini gyda reis neu fara naan. Defnyddiwch *chard* neu gêl yn lle'r ysbigoglys os dymunwch.

Digon i 4

CYNHWYSION
- 2 lwy fwrdd olew had rêp
- 1 llwy fwrdd hadau cwmin
- 1 winwnsyn
- 3cm sinsir ffres
- 2 lwy de garam masala
- 1 llwy de coriander
- 1 llwy de tyrmerig
- 300g blodfresych
- 300g moron
- 200g corbys melyn
- Llond llaw ysbigoglys

DULL
1. Cynheswch yr olew mewn padell ffrio fawr dros wres cymedrol ac ychwanegu'r hadau cwmin, gan adael iddyn nhw ffrio am funud neu ddwy. Pliciwch y winwns a'u torri'n fân a'u rhoi yn y badell i ffrio tan eu bod yn feddal. Gratiwch y sinsir a'i ychwanegu i'r winwns gyda gweddill y sbeisys a'u coginio am 2 funud.
2. Torrwch y blodfresych yn ddarnau maint cegaid a thorri'r moron yn faint tebyg. Ychwanegwch nhw i'r badell ynghyd â'r corbys gan eu troi yn dda. Arllwyswch 750ml o ddŵr i'r badell a dewch â'r cyfan i'r berw, cyn gostwng y gwres a'i adael i goginio am 20 munud.
3. Sesnwch gyda halen a'i goginio am 15 munud arall tan fod y llysiau'n dyner.
4. Ychwanegwch yr ysbigoglys i'r gymysgedd a'i throi tan fod y dail yn gwywo. Gweinwch y *dhal* mewn powlen gyda choriander ffres.

Cauliflower, carrot and spinach dhal

This is a comforting and nutritious meal full of flavour which you can serve with rice or naan bread. You can use chard or kale leaves instead of the spinach if you wish.

Serves 4

INGREDIENTS
- 2 tbsps rapeseed oil
- 1 tbsp cumin seeds
- 1 onion
- 3cm fresh ginger
- 2 tsps garam masala
- 1 tsp ground coriander
- 1 tsp turmeric
- 300g cauliflower
- 300g carrots
- 200g yellow split lentils
- Large handful spinach

METHOD
1. Heat the oil in a large frying pan over a medium heat, add the cumin seeds and let them sizzle for a few minutes. Peel and finely chop the onion, add to the pan and sauté until soft. Stir in the grated ginger and spices and cook for another 2 minutes.
2. Break the cauliflower into bite-sized pieces and cut the carrots into similar size pieces and add to the onion mixture along with the lentils, stirring well. Pour over 750ml of water and bring to a simmer, then cook gently for 20 minutes.
3. Season with salt and cook for another 15 minutes until the vegetables are tender.
4. Add the spinach to the lentil mixture and stir until the leaves have wilted. Serve in a bowl and garnish with fresh coriander.

Brithyll a Ham Caerfyrddin gydag ysbigoglys

Mae'r rysáit hon wedi'i seilio ar rysáit draddodiadol o Gymru, lle byddai brithyll yn cael ei lapio mewn cig moch. Ham wedi'i halltu yw Ham Caerfyrddin, a hwnnw'n troi'n grimp wrth ei bobi. Mae'n cyd-fynd yn berffaith â physgod.

Digon i 2

CYNHWYSION

- 2 frithyll cyfan
- 2 sialotsen
- 15g menyn
- 2 ewin garlleg
- 2 lond llaw ysbigoglys
- 20g cnau almon wedi'u hollti
- 2 sleisen Ham Caerfyrddin

DULL

1. Gofynnwch i'r gwerthwr pysgod ddiberfeddu'r pysgod a chael gwared ar yr esgyrn cefn a'r pennau cyn eu golchi a'u sychu.
2. Torrwch y sialóts yn fân, toddi'r menyn mewn padell ffrio dros wres canolig a choginio'r sialóts am 5 munud tan eu bod yn dechrau meddalu. Yna ychwanegwch y garlleg wedi'i sleisio a choginio hwnnw am rai munudau cyn ychwanegu'r ysbigoglys wedi'i olchi. Trowch bopeth yn dda nes bod yr ysbigoglys wedi gwywo a thynnu'r badell oddi ar y gwres.
3. Cymysgwch y cnau almon i mewn ac ychwanegu halen a phupur i roi blas.
4. Agorwch y ffiledi o frithyll a defnyddio'r ysbigoglys i lenwi'r naill a'r llall. Caewch y ffiledi a defnyddio Ham Caerfyrddin i lapio'r pysgod, gan ddefnyddio ffon goctel i'w dal ynghyd.
5. Rhowch y pysgod mewn dysgl wedi'i hiro sy'n dal gwres a'u coginio am 20 munud mewn popty canolig ei wres, 180°C / 160° Ffan / Nwy 4.
6. Tynnwch y pysgod o'r popty a'u gweini gyda thatws cynnar.

Carmarthen Ham trout with spinach

This recipe is based on a traditional Welsh recipe of trout wrapped in bacon. Carmarthen Ham is a slightly salty, cured ham which turns crisp when it is baked and a perfect accompaniment to fish.

Serves 2

INGREDIENTS

- 2 whole trout
- 2 shallots
- 15g butter
- 2 cloves garlic
- 2 handfuls spinach
- 20g split almonds
- 2 slices Carmarthen Ham

METHOD

1. Ask the fishmonger to gut the fish, remove the backbones and heads then wash and dry.
2. Finely chop the shallots, then melt the butter in a frying pan over a moderate heat and cook the shallots for 5 minutes until beginning to soften. Add the sliced garlic and cook for a few minutes before adding the washed spinach. Stir well until the spinach has wilted and remove from the heat.
3. Stir in the almonds and season with a little salt and pepper.
4. Open the fillets of trout and use the spinach mixture to fill both fish. Close the fillets together and use the Carmarthen Ham to wrap around the fish, securing with a cocktail stick.
5. Place on a greased ovenproof dish and cook for 20 minutes in a moderate oven, 180°C / 160°C Fan / Gas 4.
6. Remove from the oven and serve with new potatoes.

Burrito brecwast Cymreig

Rysáit berffaith i ddefnyddio cynhwysion brecwast sydd gennych dros ben fel selsig, eog mwg, madarch, winwns wedi'u carameleiddio, sibwns ayb. Defnyddiwch *tofu* wedi'i sgramblo a chaws fegan ar gyfer opsiwn fegan.

Digon i 1

CYNHWYSION

- 1 dafell cig moch wedi'i fygu
- 2 wy maes
- 1 llwy fwrdd llaeth
- 1 llwy de bara lawr
- 1 rap *tortilla*
- 15g caws Cheddar Cymreig
- Llond llaw ysbigoglys
- ¼ pupur coch wedi'i rostio a'i sleisio'n denau

DULL

1. Coginiwch y cig moch mewn padell sych tan ei fod yn grensiog neu ei roi o dan y gril, a'i gadw'n gynnes cyn ei dorri'n dafelli. Cadwch fraster y cig moch yn y badell.
2. Chwyrlïwch yr wy gyda'r llaeth a'r bara lawr a'i sesno â halen a phupur. Arllwyswch y gymysgedd wy i'r badell facwn a'i goginio am funud gan ei droi tan fod yr wyau wedi'u coginio.
3. Tostiwch y *tortilla* yn ysgafn ar bob ochr ar radell neu mewn padell ffrio fawr. Tynnwch y *tortilla* oddi ar y gwres yna sgeintio'r caws wedi'i gratio arno, yna'r dail ysbigoglys, a rhoi'r wy wedi'i sgramblo, y cig moch a'r pupur wedi'i sleisio ar ben y cyfan. Plygwch ochrau'r *tortilla* i mewn, yna'i rolio'n dynn a'i weini.

Welsh breakfast burrito

You can add any combination of leftover breakfast ingredients for this recipe, such as sausage, smoked salmon, mushrooms, caramelised onions, spring onions etc. Use scrambled tofu and vegan cheese for a vegan option.

Serves 1

INGREDIENTS

- 1 rasher smoked bacon
- 2 free-range eggs
- 1 tbsp milk
- 1 tsp laverbread
- 1 tortilla wrap
- 15g Welsh Cheddar cheese
- Handful spinach leaves
- ¼ roasted red pepper strips

METHOD

1. Cook the bacon in a dry pan until crispy or pop under the grill, then keep warm and cut into slices. Keep the bacon fat in the pan.
2. Whisk the egg with the milk and laverbread and season with salt and pepper. Pour the egg mixture into the bacon pan and cook for a minute, stirring until the eggs are just cooked.
3. Toast the wrap lightly on each side direct on a griddle or in a large frying pan. Grate the cheese and scatter over the wrap, then add the spinach leaves and top with the scrambled egg, bacon and sliced pepper. Fold in the sides then roll up tightly and serve.

Llysiau gwraidd a phwmpenni

Betys, maip, moron, pannas, pwmpenni, seleriac, swêds, tatws, tatws melys

Mae'r llysiau yma'n tyfu o dan y ddaear, fel mae'r enw yn ei awgrymu, heblaw am bwmpenni, sy'n tyfu uwchben y ddaear. Maent yn llawn maetholion gyda fitamin A ac C a digon o ffeibr a haearn. Mae'r llysiau amryliw hefyd yn llawn gwrthocsidau sy'n ein hamddiffyn rhag clefydau. Y rhain yw'r llysiau sy'n tyfu'n gyson yn y gaeaf ac mae modd eu coginio mewn sawl ffordd – eu berwi, eu stemio a'u ffrio – ond fy hoff ffordd i o'u coginio yw eu rhostio, sy'n cryfhau'r blas ac yn tynnu'r melyster naturiol ohonynt.

Os yw'r pridd yn ddigon cynnes erbyn diwedd Mawrth neu Ebrill mae modd mynd ati i blannu llysiau gwraidd fel pannas, moron, betys, swêds ac ati mewn safle agored.

Mae'n werth tyfu moron am fod eu blas mor ddwys a melys o gymharu â rhai o'r siop. Mae modd tyfu moron am ryw naw mis o'r flwyddyn. Mae angen i'r pridd fod yn ysgafn ac yn ffrwythlon ac wedi ei balu'n ddwfn i gael gwared â'r cerrig, oherwydd os bydd moron neu bannas ifanc yn bwrw carreg fel maen nhw'n tyfu am i lawr byddan nhw'n ddi-siâp! Ychwanegwch ddigon o gompost da neu wrtaith i'r tir gwpl o fisoedd ymlaen llaw.

Dydw i ddim yn dueddol o dyfu tatws prif gnwd gan fod prinder lle ond, yn hytrach, yn tyfu tatws cynnar a thatws ail gnwd mewn potiau mawr, bwcedi, hen fagiau compost neu gynwysyddion mawr plastig ar y llwybr tu fas. Does dim blas gwell na thatws newydd eu codi ac wedi'u berwi'n ysgafn mewn dŵr hallt gyda sbrigyn o fint, a'u gweini gyda thalp o fenyn hallt! Rwy hefyd yn hoffi eu rhostio gyda halen môr, olew a rhosmari ffres.

Rhaid cyfadde 'mod i ddim yn rhy hoff o flas priddlyd betys ond rwy wedi dal ati ac rwy wrth fy modd erbyn hyn gyda'u blas melys, dwys, yn enwedig wrth eu rhostio gyda garlleg a'u trochi gyda finegr balsamig ac olew olewydd neu olew tsili am bach o gic! Y ffordd fwyaf cyffredin o'u coginio yw eu berwi yn eu crwyn gyda 2–3cm o'r coesyn am ryw awr cyn eu hoeri a'u pilio, yna eu piclo mewn finegr gyda siwgr a chwpl o sbeisys cyfan os ydych am eu cadw'n hirach.

Mae angen tipyn o dir i dyfu pwmpenni, er bod modd tyfu rhai mathau yn unionsyth sy'n arbed lle! Mae dewis eang ar gael mewn lliwiau gwahanol i'r oren cyffredin, fel rhai gwyrdd, glas, gwyn a rhai streipiog sy'n cadw am fisoedd wedi eu cynaeafu! Un o fy hoff rai i yw'r Crown Prince gyda'i flas melys blasus sy'n berffaith i'w ddefnyddio yn y strwdel pwmpen a ffeta.

Tip – os ydych yn tyfu tatws mewn potiau mawr, ar ôl eu codi mae'r pridd yn ddelfrydol i dyfu moron gan ei fod yn ddwfn ac yn galluogi'r moron i dyfu'n syth!

Root vegetables and pumpkins

Beetroot, carrots, celeriac, parsnips, potatoes, swedes, sweet potatoes, squash, turnips

As the name suggests root vegetables grow in the ground, apart from the squash family, which I have included here, which grow above the ground. They are nutrient-dense with vitamins A and C and high in fibre and iron. These colourful vegetables are also high in disease-fighting antioxidants. They are a staple in the winter months and you can cook them in various ways – boiling, steaming and frying – but my favourite is roasting as this brings out their natural sweetness and intensifies their flavour.

You can start planting root vegetables such as carrots, beetroot, parsnips, swedes etc. in an open plot by the end of March or April when the soil is warmer.

It's worth the effort of growing carrots as they are sweeter and have a more concentrated flavour compared to shop-bought ones. They will grow for around nine months of the year and need light, rich soil dug deeply to remove any stones, otherwise they will become misshapen as they grow down and hit any stones! Add plenty of good compost or manure to the soil a few months ahead.

I tend not to grow maincrop potatoes due to space restrictions but I do grow early and second early potatoes in large pots, buckets, old compost bags or large plastic containers on the path outside. There is no better taste than newly lifted potatoes lightly boiled in salty water with a sprig of mint and served with a knob of salty butter. I also like to roast them sprinkled with sea salt, oil and chopped rosemary.

I must admit I never used to like the earthy taste of beetroot but have persevered and now enjoy their dense, sweet flavour, especially roasted with some garlic then tossed in balsamic vinegar and olive oil or chilli oil for a bit of a kick! You can also boil them in their skins with 2–3cm of the tops for around an hour before cooling and peeling them, then pickling them in vinegar with sugar and a few whole spices if you want to keep them for longer.

Most pumpkins need a lot of space to grow unless you choose some of the varieties which grow vertically. There is a wide range of different pumpkins, which store well for months, and in various colours like green, blue, white and stripey rather than the usual orange ones. One of my favourites is the Crown Prince which is sweet and full of flavour, and delicious used in the pumpkin and feta strudel recipe.

Top tip — if you grow potatoes in large pots, once you've lifted them the soil is perfect for growing carrots as it is deep and will allow for straight carrots!

Dail betys, garlleg a tsili wedi'u tro-ffrio

Mae dail betys yn llawn maeth a blas ac yn coginio o fewn munudau!

Digon i 2 fel saig ar yr ochr

CYNHWYSION
- 1 tsili coch
- 2 ewin garlleg
- 1 bwnsiyn dail betys
- 1 llwy fwrdd olew had rêp

DULL
1. Torrwch y tsili yn sleisys gan waredu'r hadau a thorri'r garlleg yn sleisys tenau. Golchwch a thorri'r dail betys yn fras.
2. Cynheswch yr olew mewn padell ffrio dros wres canolig i uchel a choginio'r tsili a'r garlleg am funud, gan wneud yn siŵr nad ydyn nhw'n llosgi. Yna ychwanegwch y dail betys ac 1 llwy fwrdd o ddŵr.
3. Ffrïwch am rai munudau tan fod y dail wedi gwywo.
4. Ychwanegwch halen môr a phupur.

Beetroot leaves, garlic and chilli stir-fry

Beetroot leaves are full of flavour and nutrients and cook within minutes!

Serves 2 as an accompaniment

INGREDIENTS
- 1 red chilli
- 2 garlic cloves
- 1 bunch beetroot leaves
- 1 tbsp rapeseed oil

METHOD
1. Deseed and slice the chilli and thinly slice the garlic. Wash and roughly chop the beetroot leaves.
2. Heat the oil in a frying pan over a medium-high heat and cook the chilli and garlic for a minute, making sure they don't burn. Then add the beetroot leaves and 1 tablespoon of water.
3. Sauté for a few minutes until the leaves have wilted.
4. Season with sea salt and pepper.

Byrgers coch

Byrgers llysieuol llawn maeth – gweinwch nhw gydag iogwrt naturiol neu *mayonnaise* wedi'i flasu â pherlysiau a chroen lemon.

Digon i 4

CYNHWYSION
- 2 dun 400g ffa coch neu ddu
- 1 winwnsyn coch
- 2 lwy fwrdd olew
- 200g betys, tua 2 o faint canolig
- 120g moron, tua 2 o faint canolig
- 2 ewin garlleg
- Llond llwy de cwmin
- Llond llwy de dda paprica wedi'i fygu
- 6 llwy fwrdd menyn cnau mwnci
- Llond dwrn mawr persli neu lysiau'r gwewyr ffres

DULL
1. Gwaredwch y dŵr o'r ffa, eu rhoi mewn powlen a'u stwnsio neu eu gwasgu â fforc. Pliciwch a thorri'r winwns a'u coginio mewn padell ffrio gyda hanner yr olew am 10 munud tan eu bod yn feddal.
2. Gratiwch y betys a'r moron a'u hychwanegu at y ffa, ynghyd â'r winwns, y garlleg, y sbeisys, y menyn cnau mwnci, halen a phupur a'r perlysiau wedi'u torri'n fân.
3. Cymysgwch yn dda a'i rannu yn 4 gan wneud siâp byrger gyda phob rhan.
4. Cynheswch weddill yr olew mewn padell a choginio'r byrgers am ryw 5 munud bob ochr. Gweinwch nhw mewn bynsen gyda salad.

Beetroot and bean burgers

A nutritious vegetarian burger – serve with natural yoghurt or mayonnaise flavoured with herbs and lemon zest.

Serves 4

INGREDIENTS
- 2 x 400g tins red kidney beans or black beans
- 1 red onion
- 2 tbsps oil
- 200g beetroot, about 2 medium-sized
- 120g carrots, about 2 medium-sized
- 2 garlic cloves
- 1 tsp cumin
- 1 heaped tsp smoked paprika
- 6 tbsps peanut butter
- Handful parsley or dill

METHOD
1. Drain the beans then mash in a bowl. Peel and chop the onions and cook in a heated pan with half the oil for 10 minutes until softened.
2. Grate the beetroot and carrot and add to the beans with the onions, garlic, spices, salt and pepper, peanut butter and the chopped herbs.
3. Mix well then divide into 4, making a burger shape with each one.
4. Heat the remaining oil in a frying pan and cook the burgers for 5 minutes on each side. Serve in a bun with a salad.

Salad colomen, oren a betys

Mae salad syml yn troi'n bryd arbennig gyda helgig wedi'i ffrio a blas priddlyd y betys yn cydbwyso melyster yr orenau a'r pomgranad. Gellid defnyddio sleisys tenau o frest hwyaden wedi'i mygu yn lle'r golomen, neu fetys o bob lliw.

Digon i 4

CYNHWYSION

- 1 llwy fwrdd olew had rêp
- Talp o fenyn hallt
- 8 brest colomen
- 2 oren
- 4 betysen fach wedi'u coginio
- 120g berwr dŵr a dail cymysg
- 3 llwy fwrdd triog pomgranad neu finegr balsamig
- 50g cnau pistasio
- 2 lwy fwrdd hadau pomgranad

DULL

1. Cynheswch badell ffrio drom dros wres canolig ac ychwanegu'r olew a'r menyn. Unwaith y bydd y menyn wedi toddi, sesnwch y brestiau colomennod gyda halen a phupur a'u serio am 2–3 munud ar bob ochr. Tynnwch nhw oddi ar y gwres a'u gadael i orffwys ar blât.
2. Crafwch wyneb croen yr oren, yna pliciwch yr oren a'i dorri'n ddarnau gan gadw unrhyw sudd, a thorri'r betys yn ddarnau bach gan gadw'r sudd.
3. Pan fydd wedi gorffwys am o leiaf 6 munud, cerfiwch y golomen yn dafelli tenau.
4. Golchwch y dail a'u rhannu ar 4 plât, yna ychwanegu'r orenau, y betys a'r cig colomen. Dychwelwch y badell ffrio i'r gwres ac ychwanegu unrhyw sudd oren a betys ynghyd â'r triog pomgranad neu'r finegr balsamig. Sgleiniwch y badell trwy ddod â'r sudd i fudferwi a chrafu gwaelod y badell i ryddhau unrhyw waddod.
5. Tostiwch y cnau ac arllwys y dresin cynnes dros y salad, yna gwasgaru'r hadau pomgranad a'r cnau drosto a'i weini ar unwaith.

Pigeon, orange and beetroot salad

Pan-fried game turns a simple salad into something special with the earthiness of the beetroot balanced by the sweetness of the oranges and pomegranate. You can also substitute the pigeon with thin slices of smoked duck breast or different coloured beets.

Serves 4

INGREDIENTS

- 1 tbsp rapeseed oil
- Knob of salted butter
- 8 pigeon breasts
- 2 oranges
- 4 small cooked beetroot
- 120g watercress and mixed leaves
- 3 tbsps pomegranate molasses or balsamic vinegar
- 50g pistachio nuts
- 2 tbsps pomegranate seeds

METHOD

1. Heat a heavy-based frying pan over a medium heat and add the oil and butter. Once the butter has melted, season the pigeon breasts with salt and pepper and sear for 2–3 minutes on each side. Remove and leave to rest on a plate.
2. Zest the orange then peel and cut into segments, keeping any juice, and cut the beetroot into small wedges, keeping the juices.
3. Carve the pigeon into thin slices once it has rested for at least 6 minutes.
4. Wash the leaves and divide onto 4 serving plates then add the oranges, beetroot and pigeon. Return the frying pan to the heat and add any orange and beetroot juices along with the pomegranate molasses or balsamic vinegar. Deglaze the pan by bringing the juice to a simmer and scrape the bottom of the pan to release any sediment.
5. Toast the nuts and pour the warm dressing over the salad, then scatter over the pomegranate seeds and nuts and serve immediately.

Pesto topiau moron

Peidiwch â thaflu dail y moron sy'n llawn blas ond defnyddiwch nhw i wneud y pesto syml yma.

Digon ar gyfer 1 jar fach

CYNHWYSION
- Topiau deiliog 6 moronen
- 15g cnau, e.e. cnau pin, cnau Ffrengig, cnau cyll
- 50g Parmesan neu Cheddar aeddfed cryf
- 20g dail basil
- 2 ewin garlleg
- 80ml olew olewydd

DULL
1. Torrwch y dail moron yn fras, tostiwch y cnau a gratio'r caws. Rhowch yr holl gynhwysion, ac eithrio'r caws, mewn prosesydd bwyd neu hylifydd a chymysgu am ychydig eiliadau tan fod y gymysgedd yn dod at ei gilydd ac yn llyfn, yna ychwanegwch y caws a chymysgu eto.
2. Blaswch i weld a oes angen ychwanegu halen a phupur, yna rhowch y cyfan mewn jar fach a'i orchuddio â llwyaid ychwanegol o olew.
3. Defnyddiwch y pesto o fewn wythnos neu ei storio yn y rhewgell.

Carrot top pesto

Don't throw away those carrot leaves as they are full of flavour but use them to make this simple pesto!

Makes one small jar

INGREDIENTS
- Tops from 6 carrots
- 15g nuts, e.g. pinenuts, walnuts, hazelnuts
- 50g Parmesan or strong mature Cheddar
- 20g basil leaves
- 2 garlic cloves
- 80ml olive oil

METHOD
1. Roughly chop the carrot leaves, toast the nuts and grate the cheese. Place all the ingredients except the cheese in a food processor or liquidiser and blend for a few seconds until the mixture comes together and is smooth, then add the cheese and blend again.
2. Taste for seasoning, then spoon into a small jar and cover with an extra spoon of oil.
3. Use within a week or store in the freezer.

Gratin seleriac, tatws a madarch garlleg

Gratin hydrefol o fadarch, garlleg a winwns sy'n toddi yn eich ceg a thatws sy'n siŵr o'ch llenwi. Gallwch ei weini gyda salad neu lysiau gwyrdd, neu gyda selsig neu olwythion porc.

Digon i 4–6

CYNHWYSION
- 2 seleriac canolig (tua 500g)
- 600g tatws
- Gwasgiad o lemon
- 400g madarch castan
- 80g menyn
- Llond llaw sbrigynnau teim
- 4 ewin garlleg
- 250ml hufen dwbl
- 500ml stoc cyw iâr neu lysiau
- 2 winwnsyn mawr
- Nytmeg
- 75g caws cryf fel Teifi, Parmesan

DULL
1. Pliciwch, golchi a thorri'r seleriac a'r tatws yn ddarnau tenau 3mm, un ai ar fandolin neu gyda chyllell, a'u rhoi mewn powlen o ddŵr oer gyda'r sudd lemon tra eich bod yn paratoi gweddill y cynhwysion.
2. Sleisiwch y madarch a chynhesu padell ffrio fawr dros wres cymedrol, yna rhowch hanner y menyn i doddi ac ychwanegu'r madarch, y dail teim a'r garlleg wedi'i dorri'n fân. Sesnwch yn dda a'u coginio am tua 5 munud gan eu troi yn aml tan eu bod wedi meddalu.
3. Cynheswch y popty i 220°C / 200°C Ffan / Nwy 7. Chwyrlïwch yr hufen a'r stoc mewn powlen. Pliciwch y winwns a'u sleisio'n denau.
4. Gwaredwch y dŵr o'r seleriac a'r tatws a rhoi traean mewn haenen ar waelod dysgl lydan, ddofn sy'n dal gwres. Rhowch hanner y winwns ar ei phen, yna hanner y madarch a rhoi darnau bach o fenyn ar ben y cyfan gydag ychydig o'r caws. Sesnwch gyda halen a phupur a'r nytmeg. Gwnewch yr un peth gyda gweddill y llysiau gan orffen gyda haenen o seleriac a thatws.
5. Rhowch weddill y menyn ar ben y llysiau, yna arllwys y stoc a'r hufen dros ben y cyfan. Gwasgwch y llysiau i mewn i'r stoc cyn sgeintio gweddill y caws dros ei ben. Coginiwch y *gratin* am awr a 10 munud tan ei fod yn euraid a'r llysiau wedi'u coginio.

Celeriac, potato and garlic mushroom gratin

An autumn gratin rich with garlic mushrooms, melting onions and hearty potatoes. Serve with a salad or greens or with sausages or pork chops.

Serves 4–6

INGREDIENTS

- 2 medium-sized celeriac (about 500g)
- 600g potatoes
- Squeeze of lemon
- 400g chestnut mushrooms
- 80g butter
- Handful thyme sprigs
- 4 garlic cloves
- 250ml double cream
- 500ml chicken or vegetable stock
- 2 large onions
- Nutmeg
- 75g strong cheese, e.g. Caws Teifi, Parmesan

METHOD

1. Thinly slice the peeled and washed celeriac and peeled potatoes either with a mandolin or knife into 3mm thin slices, and put these in a bowl of cold water with a squeeze of lemon juice while you prepare the other ingredients.
2. Slice the mushrooms and heat a large frying pan on a medium-high heat then add half the butter, the mushrooms, the picked thyme and crushed garlic. Season well and sauté for 5 minutes, stirring all the time until the mushrooms are cooked.
3. Heat the oven to 220°C / 200°C Fan / Gas 7. Whisk the cream with the stock in a bowl.
4. Drain the celeriac and potatoes then arrange a third of these in a layer in the base of a wide, deep ovenproof dish. Top this with half the sliced onion and half the mushroom mixture, then dot with a third of the remaining butter and a little grated cheese. Season with salt and pepper and grated nutmeg. Repeat with another layer, then top with a final layer of potatoes and celeriac.
5. Dot with the remaining butter then pour over the stock and cream. Press everything down into the liquid, scatter over the remaining cheese and bake for 1 hour 10 minutes until golden and cooked through.

Cawl pannas, afal a seidr

Mae'r sinsir ffres yn rhoi mymryn o sbeis i'r cawl cysurlon hwn, ac mae ychwanegu seidr penigamp o Gymru yn cyd-fynd yn wych â melyster yr afalau.

Digon i 4

CYNHWYSION

- 1 winwnsyn
- Darn 2.5cm sinsir ffres
- 500g pannas
- 1 afal Bramley tua 200g
- 2 lwy fwrdd olew
- 1 llwy de cwmin mâl
- 1 llwy de tyrmerig mâl
- 1 litr stoc llysiau neu 750ml stoc llysiau a 250ml seidr sych o Gymru

DULL

1. Pliciwch y winwnsyn a'i dorri'n fân, gratio'r sinsir a phlicio a thorri'r pannas a'r afal yn fras. Cynheswch yr olew mewn sosban ganolig ei maint dros wres canolig i isel. Ychwanegwch y winwnsyn a'r sinsir a'u ffrio'n ysgafn am 5 munud tan eu bod yn feddal. Rhowch fymryn o ddŵr ar eu pennau os byddan nhw'n edrych yn rhy sych.
2. Rhowch y cwmin a'r tyrmerig yn y badell a ffrio am funud arall er mwyn rhostio'r sbeisys a rhyddhau eu haroglau da.
3. Ychwanegwch y pannas a'r afal, rhowch dro da i bopeth a thywallt y stoc a'r seidr i mewn. Dewch â'r cyfan i'r berw, gostwng y gwres a mudferwi'r gymysgedd am 20 munud tan fod y pannas a'r afal yn feddal. Ychwanegwch halen a phupur i roi blas.
4. Rhowch y cawl drwy'r prosesydd tan ei fod yn llyfn ac yn hufennog.
5. Ailgynheswch y cawl cyn ei weini os oes angen.

Parsnip, apple and cider soup

The fresh ginger gives a delicate spice to this satisfying soup, and the addition of award-winning Welsh cider complements the sweetness from the apples.

Serves 4

INGREDIENTS

- 1 onion
- 2.5cm piece fresh ginger
- 500g parsnips
- 1 Bramley apple about 200g
- 2 tbsps oil
- 1 tsp ground cumin
- 1 tsp ground turmeric
- 1 litre vegetable stock or 750ml vegetable stock and 250ml dry Welsh cider

METHOD

1. Peel and chop the onion, grate the ginger and peel and roughly chop the parsnips and apple. Heat the olive oil in a medium saucepan over a medium-low heat. When hot, add the onion and ginger and fry gently for 5 minutes until softened, adding a little splash of water if the mixture appears a little dry.
2. Sprinkle the cumin and turmeric into the pan and fry for a minute to roast the spices and release their aromas.
3. Add the parsnips and apple, give everything a good stir and pour over the stock and cider. Bring to the boil, then lower the heat and simmer for 20 minutes, until the parsnips and apple are very tender. Season with salt and pepper.
4. Process the soup until smooth and creamy.
5. Reheat the soup before serving if necessary.

Swper o lysiau gwraidd rhost

Fe ellid defnyddio unrhyw gyfuniad o lysiau gwraidd, gan gynnwys llysiau sydd wedi'u coginio eisoes.

Digon i 4

CYNHWYSION

- 1kg llysiau gwraidd fel seleriac, pannas, moron, tatws melys
- 2 winwnsyn coch
- 7 llwy fwrdd olew had rêp
- 3 wy
- 115g blawd plaen
- 285ml llaeth
- 1 llwy fwrdd hadau ffenigl neu gwmin
- 1 llwy fwrdd hadau pabi (dewisol)
- 3 deilen saets
- 3 sbrigyn rhosmari
- 2 dafell bara surdoes neu fara crensiog

DULL

1. Cynheswch y popty i 180°C / 160°C Ffan / Nwy 4. Pliciwch a thorri'r llysiau gwraidd yn ddarnau 2cm. Pliciwch y winwns a thorri pob un yn 6 darn a rhoi'r llysiau, y winwns a'r hadau cwmin mewn tun rhostio gyda 3 llwy fwrdd o'r olew a halen a phupur. Rhostiwch nhw am 30 munud tan eu bod yn feddal ac yn euraid.
2. Chwyrlïwch yr wyau, y blawd, y llaeth a'r hadau pabi mewn powlen gyda halen a phupur a'r perlysiau gan adael 2 sbrigyn o rosmari. Rhowch nhw o'r neilltu tan fod y llysiau wedi rhostio.
3. Codwch wres y popty i 210°C / 190°C Ffan / Nwy 6½. Rhowch 4 llwy fwrdd o'r olew gyda'r llysiau rhost mewn dysgl gydag ochrau uchel maint 20 x 25/30cm, a rhowch hi yn y popty i gynhesu tan fod yr olew yn grasboeth a'r popty wedi cynhesu.
4. Tynnwch y ddysgl yn ofalus o'r popty gan weithio'n gyflym ac arllwys y cytew dros y llysiau. Torrwch y bara yn ddarnau 2cm a'i roi ar ben y cytew gyda gweddill y rhosmari. Pobwch y cyfan am 20–25 munud tan ei fod wedi codi, yn euraid ac yn grimp, a'i weini'n syth.

Roast root vegetable supper

You can use any combination of root vegetables including any cooked and leftover vegetables.

Serves 4

INGREDIENTS

- 1kg root vegetables such as celeriac, parsnips, carrots, sweet potato
- 2 red onions
- 1 tbsp cumin or fennel seeds
- 7 tbsp rapeseed oil
- 3 eggs
- 115g plain flour
- 285ml milk
- 1 tbsp poppy seeds (optional)
- 2 sage leaves
- 3 sprigs rosemary
- 2 slices sourdough or crusty bread

METHOD

1. Heat the oven to 180°C / 160°C Fan / Gas 4. Peel and chop all the root vegetables into 2cm chunks. Peel and cut the onions into 6ths and put the vegetables, onion and cumin seeds in a large roasting tin with 3 tablespoons of oil and season with salt and pepper. Roast for 30 minutes until soft and golden.
2. In a bowl, whisk the eggs, flour, milk, poppy seeds and herbs and a good pinch of salt and pepper until you have a smooth batter. Set aside to rest until the vegetables are ready.
3. Turn up the oven to 210°C / 190°C Fan / Gas 6½. Put 4 tablespoons of oil with the roasted vegetables and onions in a high-sided 20 x 25/30cm dish and pop in the oven for 5 minutes so the oil gets really hot and the oven comes up to temperature.
4. Carefully remove the dish from the oven, working quickly so the oil stays hot, and pour the batter evenly over the vegetables. Tear the bread into 2cm chunks and add to the batter with a few extra sprigs of rosemary. Bake for 20–25 minutes until risen, golden and crisp and serve immediately.

Salad tatws newydd a pherlysiau gwyrdd

Torrwch unrhyw daten fawr yn ei hanner fel eu bod yr un maint. Mae'r tatws yn amsugno blas y dresin wrth eu hychwanegu yn dwym.

Digon i 4

CYNHWYSION
- 350g tatws newydd
- 2 sibwnsen
- 50g iogwrt naturiol
- 1 llwy fwrdd *mayonnaise*
- 3 llwy fwrdd olew had rêp
- 1 llwy fwrdd finegr seidr
- 2 lwy fwrdd yr un o gennin syfi, mint a phersli

DULL
1. Golchwch y tatws a'u berwi tan eu bod yn dyner, tua 15–20 munud.
2. Torrwch y sibwns yn sleisys a thorri'r perlysiau a'u rhoi mewn powlen. Cymysgwch yr iogwrt a'r *mayonnaise* a'u hychwanegu i'r bowlen.
3. Chwyrlïwch yr olew a'r finegr, eu sesno gyda halen a phupur a'u harllwys dros y perlysiau.
4. Gwaredwch y dŵr o'r tatws a'u rhoi yn syth yn y bowlen gyda'r dresin a'u troi yn drwyadl. Ychwanegwch fwy o halen a phupur os oes angen.

New potato and green herb salad

Cut any large potatoes in half so that they are of similar sizes. The potatoes will absorb the flavours of the dressing if you mix them while still warm.

Serves 4

INGREDIENTS
- 350g new potatoes
- 2 spring onions
- 2 tbsps each of fresh chives, mint and parsley
- 1 tbsp mayonnaise
- 50g natural yoghurt
- 3 tbsps rapeseed oil
- 1 tbsp cider vinegar

METHOD
1. Wash and boil the potatoes until tender, about 15–20 minutes.
2. Slice the spring onions and chop the herbs and pour into a mixing bowl. Mix the mayonnaise with the yoghurt and add to the spring onions and herbs.
3. Whisk together the oil and cider vinegar and season with salt and pepper, then pour over the herbs.
4. Add the potatoes whilst still warm to the herbed mayonnaise mixture and taste for seasoning.

Cacennau mecryll wedi'u mygu

Does dim angen ychwanegu halen i'r cacennau am fod y mecryll yn ddigon hallt. Fe ellid defnyddio unrhyw bysgodyn mewn tun yn lle'r mecryll mwg, fel eog, sardîns neu fecryll cyffredin.

CYNHWYSION
- 1 daten ganolig ei maint (tua 300g)
- 250g mecryll wedi'u mygu
- 2 wy wedi'u berwi'n galed
- 2 gercin
- 1 llwy fwrdd caprys
- 2 lwy fwrdd perslyiau wedi'u torri (llysiau'r gwewyr, persli, taragon)
- Croen 1 lemon a 2 lwy de sudd lemon
- Halen
- Pupur caián
- Blawd plaen
- 1 llwy fwrdd olew ac ychydig o fenyn

DULL
1. Pliciwch a thorri'r daten a'i berwi mewn dŵr hallt, yna gwaredwch y dŵr a'i stwnsio'n dda.
2. Tynnwch y croen oddi ar y mecryll a'u malu'n bast mewn powlen.
3. Cyfunwch y mecryll a'r tatws stwnsh. Torrwch yr wyau wedi'u plicio, y gercins, y caprys a'r perlysiau yn fân a'u hychwanegu i'r pysgod.
4. Ychwanegwch groen a sudd y lemon a chymysgu'n dda. Sesnwch gyda halen a phupur caián. Ffurfiwch 6 chacen a'u sgeintio gydag ychydig o flawd. Rhowch nhw i oeri yn yr oergell am o leiaf 30 munud neu dros nos.
5. Cynheswch yr olew a'r menyn mewn padell ffrio dros wres cymedrol a ffrio'r cacennau tan eu bod yn euraid ar bob ochr.
6. Gweinwch y cacennau gyda saws tartar ffres a darn o lemon.

Smoked mackerel fishcakes

There is no need to add salt to season as the smoked mackerel will be salty enough. You can also use tinned fish such as salmon, sardines or unsmoked mackerel instead of the smoked mackerel.

INGREDIENTS
- 1 medium potato (about 300g)
- 250g smoked mackerel fillets
- 2 hard-boiled eggs
- 2 gherkins
- 1 tbsp capers
- 2 tbsps fresh herbs (dill, parsley, tarragon)
- Zest of 1 lemon and 2 tsps juice
- Salt
- Cayenne pepper
- Plain flour
- 1 tbsp oil and knob of butter

METHOD
1. Peel and cut the potatoes then boil in salted water, drain and mash.
2. Drain the liquid from the tinned mackerel and mash to a paste in a bowl.
3. Combine the potatoes and mackerel. Chop the peeled eggs, gherkins, capers and herbs and add to the fish.
4. Add the lemon zest and juice and mix well. Season with salt and cayenne pepper. Form into 6 fishcakes and dust with the flour. Chill for at least 30 minutes or overnight.
5. Heat the oil and butter in a frying pan over a medium heat and fry the fishcakes until golden on both sides.
6. Serve with tartare sauce and a wedge of lemon.

Swper macrell Ceinewydd

Mae'r rysáit hon wedi'i seilio ar draddodiad 'swper penwaig Abergwaun' – pryd un pot y gallwch ei weini gyda brocoli wedi'i stemio neu bys.

Digon i 4

CYNHWYSION
- 1 llwy fwrdd dda mwstard
- 4 ffiled macrell canolig eu maint
- Halen Môn a phupur du
- 4 taten ganolig eu maint
- 1 winwnsyn mawr
- 1 afal bwyta
- 1 llwy de saets ffres wedi'i dorri'n fân
- 3 llwy fwrdd finegr taragon
- 200ml seidr neu ddŵr poeth
- Talp go dda o fenyn

DULL
1. Taenwch fwstard dros ochr ddi-groen y pysgod ac ychwanegu halen a phupur.
2. Mewn dysgl sy'n dal gwres wedi'i hiro, rhowch ddarnau o datws wedi'u sleisio'n denau, winwns wedi'u sleisio ac afalau wedi'u sleisio. Ychwanegwch y saets a'r finegr a rhoi halen a phupur dros y cyfan.
3. Llenwch hanner y ddysgl gyda seidr neu ddŵr.
4. Rhowch dalpiau bach o fenyn dros y cyfan a'i bobi mewn popty canolig ei wres, 160°C / 140°C Ffan / Nwy 3, am 30 munud.
5. Tynnwch y ddysgl o'r popty a rhoi'r ffiledi macrell ar y top, gyda'r croen tuag i fyny. Rhowch y ddysgl yn ôl yn y popty a phobi am 10–15 munud arall tan fod y pysgod wedi'u coginio.

New Quay mackerel supper

This recipe is based on a traditional 'Fishguard herring supper' – a one pot meal which you could serve with steamed broccoli or peas.

Serves 4

INGREDIENTS
- 1 heaped tsp mustard
- 4 medium mackerel fillets
- Halen Môn sea salt and freshly ground black pepper
- 4 medium potatoes, peeled
- 1 large onion
- 1 eating apple
- 1 tsp chopped fresh sage
- 3 tbsps tarragon vinegar
- 200ml Welsh cider or hot water
- Good knob of butter

METHOD
1. Spread the mustard on the fleshy part of the mackerel and season with salt and pepper.
2. Line a greased ovenproof dish with thinly sliced potatoes, sliced onions and sliced apples. Sprinkle with sage, vinegar and seasoning.
3. Half fill the dish with cider or water.
4. Dot with butter and bake in a moderate oven, 160°C / 140°C Fan / Gas 3, for 30 minutes.
5. Remove from the oven and sit the mackerel fillets on top, skin up. Return to the oven and bake for a further 10–15 minutes until the fish is cooked through.

Cyw iâr rhost piri piri

Dyma ginio dydd Sul gwahanol gydag ychydig o sbeis! Gallwch ei weini gyda salad neu lysiau gwyrdd.

Digon i 4

CYNHWYSION

- 2 ewin garlleg
- 1 tsili coch
- 1 lemon neu leim
- 1 llwy de cwmin
- 2 lwy fwrdd paprica wedi'i fygu
- 25g siwgr brown
- 1 llwy fwrdd oregano sych
- 2 lwy de halen
- 4 llwy fwrdd olew llysiau
- 1 cyw iâr maes wedi'i hollti ar gyfer ei rostio
- 2 daten neu 2 daten felys fawr

DULL

1. Ar gyfer y marinâd pliciwch y garlleg a'i dorri'n fras, torri'r tsili yn ei hanner, gwaredu'r hadau a'i dorri'n fras. Gratiwch groen y lemon neu'r leim a gwasgu'r sudd ohono. Rhowch y garlleg a'r tsili mewn prosesydd bwyd bach neu mewn powlen pestl a morter. Ychwanegwch y cwmin, hanner y paprica, croen a sudd y lemon, y siwgr, yr oregano, 1 llwy de o halen a 3 llwy fwrdd o olew a'u cymysgu'n bast.
2. Torrwch i mewn i groen y cyw iâr mewn sawl man gyda chyllell finiog a'i roi mewn dysgl neu dun rhostio, cyn ei orchuddio â'r past a'i dylino'n dda. Gadewch y cyw yn yr oergell am awr neu am 24 awr os oes modd.
3. Cynheswch y popty i 220°C / 200°C Ffan / Nwy 7.
4. Pliciwch y tatws a'u torri'n chwarteri ac arllwys gweddill yr olew drostyn nhw, cyn eu rhoi yng ngweddill yr halen a'r paprica. Rhowch nhw mewn tun rhostio gyda'r cyw iâr a'u rhostio am 35–40 munud, gan droi'r cyw hanner ffordd drwy'r broses goginio. Gweinwch y cyfan ar blât mawr.

Piri piri roast chicken

An alternative spicy Sunday lunch! Serve with a salad or green vegetables.

Serves 4

INGREDIENTS

- 2 cloves garlic
- 1 red chilli
- 1 lemon or lime
- 1 tsp cumin
- 2 tbsps smoked paprika
- 25g light brown sugar
- 1 tbsp dried oregano
- 2 tsps salt
- 4 tbsps vegetable oil
- 1 free-range spatchcocked chicken
- 2 large potatoes or sweet potatoes

METHOD

1. For the marinade peel and roughly chop the garlic, cut the chilli in half, remove the seeds and roughly chop, and zest and juice the lime or lemon. Put both in a mini processor or pestle and mortar and add the cumin, half the paprika, zest and juice of the lemon, sugar, oregano, 1 teaspoon of salt and 3 tablespoons of oil and blitz or pound to a paste.
2. Slash the chicken skin a few times and put in a baking dish, then massage the paste all over and refrigerate for an hour or preferably 24 hours.
3. Heat the oven to 220°C / 200°C Fan / Gas 7.
4. Cut the potatoes or sweet potatoes into quarters, sprinkle over the remaining oil and toss in the remaining salt and paprika. Lay out on a large roasting tin and add the marinated chicken and bake for 35–40 minutes, turning the chicken halfway through. Remove and serve on a large platter.

Ffritata tatws newydd, cig moch a bara lawr

Brecwast cyfan mewn un badell lle gellid defnyddio unrhyw gyfuniad o gynhwysion sydd gennych dros ben. Gwaredwch y cig moch os ydych am baratoi pryd ar gyfer llysieuwyr ac ychwanegwch fadarch neu lysiau eraill.

Digon i 4–6

CYNHWYSION

- 8 wy maes mawr
- 2 lwy fwrdd bara lawr
- 4 sibwnsen
- 1 pupur coch
- 4 sleisen cig moch plaen neu wedi'u mygu
- 3 llwy fwrdd olew
- 250g tatws newydd wedi'u coginio yn eu crwyn
- 80g caws Cheddar aeddfed

DULL

1. Torrwch yr wyau i bowlen fawr. Sesnwch ag ychydig o halen môr a phupur du ac ychwanegwch y bara lawr. Curwch yr wyau'n ysgafn a'u rhoi o'r neilltu.
2. Torrwch y sibwns, y pupur a'r cig moch yn fân. Mewn padell ffrio wrth-lynu, cynheswch yr olew a choginio'r cig moch am rai munudau, yna ychwanegwch y sibwns a'r pupur a'u coginio tan eu bod yn feddal. Arllwyswch nhw dros yr wyau, torri'r tatws ac ychwanegu'r rheini hefyd gan droi'r gymysgedd yn ofalus.
3. Gratiwch y caws gan roi ei hanner ar yr wyau a chymysgu'n dda. Golchwch a sychu'r badell, yna ei rhoi yn ôl ar y gwres a chynhesu gweddill yr olew. Pan fydd yn gynnes, arllwyswch y gymysgedd wy i'r badell a'i throi'n awr ac yn y man wrth i'r gwaelod setio.
4. Cynheswch y gril. Unwaith y bydd hwnnw wedi cynhesu a'r ffritata bron wedi setio, rhowch weddill y caws ar ben yr wyau a rhoi'r ffritata o dan y gril i doddi'r caws.
5. Gadewch iddo oeri am 5 munud cyn ei droi ar blât a'i dorri'n ddarnau.

New potato, bacon and laver frittata

A complete breakfast in one pan where you can use any combination of leftover seasonal ingredients. Omit the bacon for a vegetarian alternative and add mushrooms or other vegetables.

Serves 4–6

INGREDIENTS

- 8 large free-range eggs
- 2 tbsps laverbread
- 4 spring onions
- 1 red pepper
- 4 rashers back or smoked bacon
- 3 tbsps oil
- 250g early potatoes, cooked in their skins
- 80g Welsh mature Cheddar cheese

METHOD

1. Break the eggs into a large bowl, season with a little sea salt and freshly ground black pepper and add the laverbread. Beat lightly and put to one side.
2. Finely chop the spring onions, pepper and bacon then heat a non-stick frying pan, add a tablespoon of oil then cook the bacon for a few minutes before adding the spring onion and pepper, and cook until beginning to soften. Remove from the pan and tip into the bowl with the beaten eggs. Slice the potatoes and add, stirring gently.
3. Grate the cheese and add half to the mixture and stir well. Wash and dry the pan then put it back on the heat and add the remaining oil. Once it's hot, pour in the egg mixture and stir a couple of times as it sets on the base of the pan to start it cooking.
4. Turn on the grill and once it's hot and the egg mixture has nearly set, sprinkle over the remaining cheese and pop under the grill to cook the remaining egg and for the cheese to melt.
5. Remove and leave to cool for 5 minutes then turn out onto a plate and cut into wedges.

Pryd pob selsig helgig a phwmpen

Pryd sydyn i'w baratoi trwy daflu popeth ar hambwrdd pobi ac i mewn i'r popty i wneud ei waith!

Digon i 4

CYNHWYSION
- 350g pwmpen
- 2 winwnsyn coch
- 8 selsigen helgig
- 1 bwlb garlleg cyfan
- 2 lwy fwrdd olew had rêp
- 1 llwy fwrdd naddion tsili
- 1 llwy fwrdd hadau cwmin
- 5 sbrigyn teim
- 200g tomatos bach

DULL
1. Pliciwch a thorri'r bwmpen yn ddarnau 6cm a thorri'r winwns yn 8 talp yr un.
2. Cynheswch y popty i 200°C / 180°C Ffan / Nwy 6, yna rhowch y selsig, y bwmpen a'r winwns mewn tun rhostio bas. Rhannwch y garlleg yn ewinedd unigol a'u hychwanegu i'r tun heb eu plicio. Arllwyswch yr olew dros y cyfan, yna gwasgarwch y sbeisys a'r teim dros bopeth a'i sesno gyda halen môr a phupur.
3. Rhostiwch y cyfan am 15 munud yn y popty sydd wedi'i gynhesu ymlaen llaw, yna trowch y selsig a'r llysiau a'u dychwelyd i'r popty am 20 munud arall gan ychwanegu'r tomatos am y 10 munud olaf.
4. Rhannwch nhw ar 4 plât neu bowlen a'u gweini gyda thatws pob a salad gwyrdd.

Game sausage and squash traybake

Throw the ingredients onto a baking sheet and into the oven and let it work its magic for this speedy supper!

Serves 4

INGREDIENTS
- 350g squash
- 2 red onions
- 8 game sausages
- 1 whole garlic bulb
- 2 tbsps rapeseed oil
- 1 tbsp chilli flakes
- 1 tbsp cumin seeds
- 5 sprigs thyme
- 200g cherry tomatoes

METHOD
1. Peel and cut the squash into 6cm pieces, then peel and cut the onions into 8 wedges.
2. Heat the oven to 200°C / 180°C Fan / Gas 6, then lay the sausages, squash and onions in a shallow roasting tin. Divide the garlic into individual cloves and add to the tin unpeeled. Pour over the oil, scatter the spices and thyme and season with sea salt and pepper.
3. Roast in the preheated oven for 15 minutes then turn the sausages and vegetables and return to the oven for another 20 minutes, adding the tomatoes in the last 10 minutes of cooking.
4. Divide onto 4 plates or bowls and serve with jacket potatoes and a green salad.

Strwdel pwmpen a ffeta

Rysáit lysieuol, ond gellid defnyddio caws fegan ac olew yn lle menyn ar gyfer fersiwn fegan.

Digon i 4

CYNHWYSION

- 130g cnau cymysg (almonau, cnau cyll, cashew ayb)
- 1 genhinen fawr
- 450g pwmpen
- 1 llwy fwrdd olew had rêp
- 80g menyn heb halen
- 1 llwy de yr un hadau cwmin a mwstard
- 1 llwy de coriander mâl
- 150ml stoc llysiau
- 1 pecyn 220g crwst ffilo
- 120g caws ffeta
- 1 llwy de yr un hadau sesame du a gwyn (dewisol)

DULL

1. Cynheswch y popty i 180°C / 160°C Ffan / Nwy 4. Rhowch y cnau ar hambwrdd pobi a'u tostio am 6–8 munud tan eu bod yn euraid. Gadewch iddyn nhw oeri, yna eu torri'n fras.
2. Golchwch a thorri'r cennin. Pliciwch a thorri'r bwmpen yn ddarnau 2cm.
3. Toddwch 30g o'r menyn gyda'r olew mewn padell *sauté*, yna rhowch y bwmpen i goginio ac i frownio am 8–10 munud gan droi bob hyn a hyn. Gostyngwch y gwres ac ychwanegu'r sbeisys a'u coginio am funud, yna rhowch y cennin i goginio gan eu troi yn dda a'u gorchuddio â'r stoc llysiau.
4. Rhowch gaead ar y badell a'u coginio tan fod y stoc wedi anweddu a'r bwmpen yn feddal. Gwasgarwch y cyfan ar blât mawr i oeri cyn cymysgu'r cnau iddo.
5. I greu'r strwdel, toddwch weddill y menyn ac iro hambwrdd pobi â pheth ohono. Rhowch ddwy ddalen o'r crwst ffilo ar ben ei gilydd gan frwsio pob un â'r menyn wedi toddi. Rhowch chwarter y gymysgedd pwmpen ar hyd un o ddarnau byrraf y crwst gan adael ffin o 5cm. Briwsionwch y caws gan roi ei chwarter ar ben y gymysgedd. Plygwch ochrau'r crwst a'i rolio i wneud siâp boncyff. Rhowch y crwst ar yr hambwrdd a'i frwsio â mwy o fenyn. Gwnewch doriadau i dop y crwst mewn ychydig o fannau a sgeintio'r hadau sesame ar ei ben. Gwnewch yr un peth â gweddill y crwst a'r llenwad er mwyn gwneud 4 strwdel.
6. Cynheswch y popty i 200°C / 180°C Ffan / Nwy 6 a'u pobi am 25–30 munud tan eu bod yn grimp ac yn euraid. Gweinwch nhw ar unwaith gyda salad.

Pumpkin and feta strudel

A vegetarian dish which can be made vegan by using oil instead of butter, and vegan cheese.

Serves 4

INGREDIENTS

- 130g mixed nuts (almonds, hazelnuts, cashews etc.)
- 1 large leek
- 450g pumpkin
- 1 tbsp rapeseed oil
- 80g unsalted butter
- 1 tsp each of cumin and mustard seeds
- 1 tsp ground coriander
- 150ml vegetable stock
- 1 x 220g pack filo pastry
- 120g feta cheese
- 1 tsp each black and white sesame seeds (optional)

METHOD

1. Preheat the oven to 180°C / 160°C Fan / Gas 4. Spread the nuts on a baking tray and toast for 6-8 minutes until golden. Leave to cool and roughly chop.
2. Wash and chop the leek. Peel the pumpkin and chop into 2cm chunks.
3. Melt 30g of butter with the oil in a large sauté pan, add the squash and fry over a high heat, stirring occasionally for 8-10 minutes until starting to brown. Reduce the heat and add the spices and cook for 1 minute, stirring, then mix in the leeks and cook for a few minutes.
4. Pour over the vegetable stock, cover the pan and leave to cook gently until the stock has evaporated and the squash is soft. Spread out onto a large plate to cool then mix in the toasted nuts.
5. To assemble, melt the rest of the butter and brush some on a baking tray. Layer up 2 sheets of filo at a time, brushing each one with melted butter. Spoon a quarter of the squash mixture along one of the shorter sides leaving a 5cm border. Crumble the feta and place a quarter on each mixture. Fold in the sides and roll up the filo in a log shape to enclose the mixture. Put on the baking tray and brush with more melted butter. Make a few cuts in the pastry along the top and scatter the sesame seeds on top. Repeat with the rest of the pastry to make 4 strudel.
6. Increase the oven temperature to 200°C / 180°C Fan / Gas 6 and bake for 25-30 minutes until crisp and golden. Serve immediately with a salad.

Llysiau'r haf

Ciwcymbr, corbwmpen, letys a dail, perlysiau, pupur, rhuddygl, tomatos, tsili

Mae llysiau'r haf ymhlith y rhai hawsaf i'w tyfu o had ac maen nhw'n cynnwys dail salad, sibwns, rhuddygl, pys, ffa, tomatos, tsili, ciwcymbr a chorbwmpenni, perlysiau a blodau bwytadwy, a gellir eu tyfu yn yr awyr agored yn ystod misoedd yr haf. Gellir cadw a storio'r rhain neu eu rhewi i'w bwyta yn hwyrach yn y flwyddyn.

Nid oes blas tebyg i domatos wedi'u tyfu yn yr ardd, a hyd yn oed os nad oes llawer o le gennych mae modd eu tyfu mewn bagiau tyfu – cofiwch ryddhau'r pridd a gwneud ambell dwll yn y gwaelod i'r dŵr ddianc cyn eu plannu. Dechreuwch trwy blannu'r hadau ar sìl ffenest cynnes tu mewn. Unwaith y byddan nhw wedi egino symudwch nhw i botiau 9cm, ac yna'n raddol eu symud i botiau mwy tan eu bod yn barod i'w symud y tu allan neu i'r tŷ gwydr. Wrth dyfu dan do mae'n bwysig taro coesau'r tomatos yn eu blodau yn ysgafn o dro i dro i symud y paill tu mewn i'r blodau er mwyn sicrhau eu bod yn peillio. Bydd y gwynt a'r gwenyn yn gwneud y gwaith yma yn yr awyr agored. Cewch well blas wrth ddyfrhau yn y bore a chynaeafu yn y pnawn. Fy hoff domatos i'w tyfu yw'r Sungold melys, Gardener's Delight, Moneymaker a rhai porffor y Black Russian.

Gellir tyfu rhuddygl mewn mannau cyfyng, tu mewn neu mewn safle heulog yn yr ardd, ac maent yn barod i'w bwyta o fewn pedair wythnos! Mae'n well hau ychydig ar y tro bob cwpl o wythnosau er mwyn cael digon i'w fwyta drwy'r haf.

Mae'n werth rhannu planhigion letys a'u boddi mewn dŵr oer iawn am rai oriau. Mae hon yn ffordd o adfywio dail llipa, ac mae'n bwysig eu sychu'n drwyadl cyn eu bwyta neu eu storio yn yr oergell. Bydda i'n tyfu amrywiaeth o ddail, pob un â'i flas unigryw, sy'n creu salad diddorol a lliwgar – rhai fel *mizuna*, *giant red mustard*, berwr y gerddi a *mâche*.

Mae modd arbed tipyn o arian trwy dyfu perlysiau mewn potiau neu gafnau ar sìl y ffenest a fydd yn parhau i dyfu am fisoedd! Mae modd hefyd eu sychu neu eu rhewi mewn ciwbiau o olew neu ddŵr yn y rhewgell.

Er mwyn arbed lle mae'n werth tyfu dringwyr unionsyth fel ffa dringo, corbwmpenni (fel *tromboncino*) a thomatos unionsyth, tal fel y tomatos ceirios Sungold.

Hefyd, peidiwch ag anghofio hau cnydau ar gyfer y gaeaf a dechrau'r gwanwyn fel brocoli piws, cennin, seleriac a dail salad a fydd yn barod mewn misoedd pan nad oes llawer yn tyfu.

Summer vegetables

Chilli, courgette, cucumber, herbs, lettuce and leaves, pepper, radish, tomatoes

Some of the easiest vegetables to grow from seed are the summer varieties such as salad leaves, spring onions, radish, peas, beans, tomatoes, chillies, cucumbers and courgettes, herbs and edible flowers, which can all be grown outdoors in the summer months. Many of these can be preserved or frozen to eat later in the year.

The taste of home-grown tomatoes is unrivalled and you can grow them in grow bags in a small space, but remember to release the contents and make a few drainage holes in the base before you plant. Sow seeds on a warm windowsill indoors, then when they sprout move them into 9cm pots and gradually keep moving into larger pots until ready to plant outside or in a greenhouse. If growing inside, gently tap the stems of flowering tomatoes to rattle the pollen about inside the blooms to ensure pollination. The breeze and bees will do this for you outside. Water in the morning and harvest in the afternoon for the best flavour. Some of my favourites are the sweetest Sungold, Gardener's Delight, Moneymaker and the purple Black Russian.

Radish can be grown indoors or outdoors in a sunny spot but in the smallest of patches, and can be ready to eat within four weeks! Sow small batches every few weeks which will keep you going all through the summer.

All lettuce benefit from being broken up and submerged in very cold water for a few hours. This perks up any floppy leaves, and it is important to spin them or dry them well before eating or storing them in the fridge. I grow a variety of lettuce and leaves with different flavours which makes a more interesting and colourful salad. My favourites are mizuna, giant red mustard, rocket and mâche.

It's worth growing a variety of herbs which work out expensive if you are buying them. They will keep growing for months and you can also dry them or freeze in a little oil or water in an ice cube tray. Grow in pots or troughs on windowsills.

If you're short of space, it's a good idea to grow climbers such as climbing beans, courgettes (e.g. tromboncino) and tall cordon tomatoes such as Sungold cherry tomatoes.

Don't forget to sow crops for the winter and early spring too such as winter and early spring vegetables like purple sprouting broccoli, leeks, celeriac and salad leaves which can be harvested during the lean months.

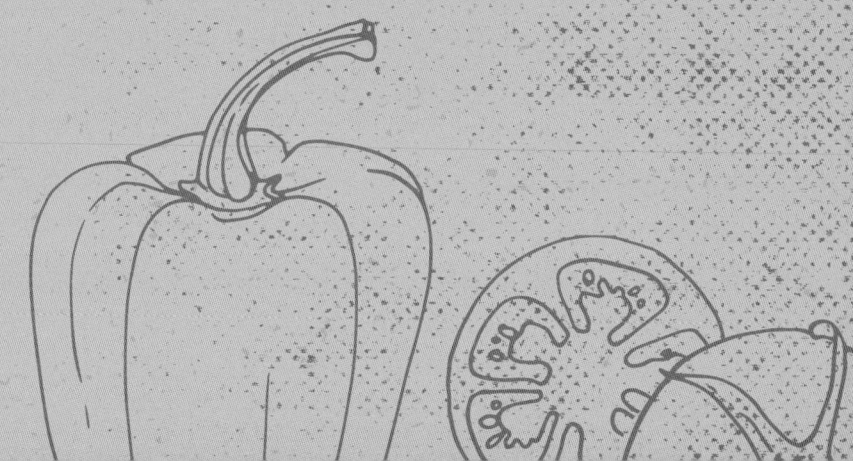

Dresins salad

Dyma rai o fy hoff ddresins – cofiwch roi'r dresin ar y salad ychydig bach cyn ei weini. Bydda i'n aml yn defnyddio pot jam i gymysgu'r dresin, gyda thair rhan o olew i un rhan o finegr gwin gwyn neu goch, finegr seidr, finegr balsamig neu sudd lemon.

Dresin syml
Chwyrlïwch sudd lemon gyda joch dda o olew olewydd a phinsiad mawr o halen môr. Mae'n berffaith gyda salad o ddail puprog a berwr y gerddi.

Dresin Ffrengig
Gwasgwch ewin bach o arlleg gyda llwy de o fwstard Dijon a chymysgu 2 lwy fwrdd o finegr gwin gwyn, 125ml o olew olewydd, pinsiad o halen môr a llwy de o fêl lleol. Chwyrlïwch nhw gyda'i gilydd a'i ddefnyddio dros letys calon-grych neu letys menyn.

Dresin iogwrt a pherlysiau
Cymysgwch 5 llwy fwrdd o iogwrt naturiol gyda 2 lwy fwrdd o olew olewydd, croen a sudd 1 lemon, halen a phupur. Mae modd ychwanegu perlysiau ffres wedi'u torri'n fân fel persli, cennin syfi, basil, llysiau'r gwewyr neu fintys, a'i ddefnyddio yn lle *mayonnaise* gyda salad ciwcymbr, colslo, tatws newydd, cyw iâr neu bysgod.

Dresin tahini lemon
Chwyrlïwch sudd hanner lemon gyda 40g o dahini ac ewin bach o arlleg wedi'i wasgu. Wedyn ychwanegwch 40ml o ddŵr oer iawn a'i sesno. Gweinwch y dresin dros lysiau rhost neu ei dylino i ddail cêl ifanc.

Salad dressings

Here are a few of my favourite dressings – remember, always dress your salad just before serving. I often use an old jam jar to make dressings with a ratio of three parts oil to one part white, red, cider or balsamic vinegar or lemon juice.

Simple dressing
Whisk together the juice of a lemon, a glug of olive oil and a good pinch of sea salt. Serve with rocket and peppery leaves.

French dressing
Crush a small garlic clove with 1 teaspoon of Dijon mustard then add 2 tablespoons of white wine vinegar, 125ml of olive oil, a pinch of sea salt and a teaspoon of local honey. Whisk together and use over butter or crunchier lettuce leaves.

Yoghurt herb dressing
Mix together 5 tablespoons of natural yoghurt and 2 tablespoons of olive oil, the zest and juice of a lemon and season with salt and pepper. Add any chopped fresh herbs such as parsley, chives, basil, dill or mint and use instead of mayonnaise with a cucumber salad, coleslaw, new potatoes, chicken or fish.

Lemon tahini dressing
Whisk together 40g of tahini, the juice of half a lemon and 1 small crushed garlic clove in a bowl, then slowly whisk in 40ml of ice-cold water and season. Massage into young, torn kale leaves or pour over roasted vegetables.

Salad Carys

Rysáit er cof am ffrind annwyl, Carys Hall – un o'i hoff salads! Peidiwch ag ychwanegu'r dresin tan eich bod yn barod i'w fwyta gan fod y gorbwmpen yn dueddol o fod yn ddwrllyd. Defnyddiwch y corbwmpenni lleiaf – dim mwy na 10cm o hyd – sydd â blas fel cneuen a llai o hadau ynddynt.

CYNHWYSION
- 1 ffenigl mawr
- 6 corbwmpen fach
- Llond llaw dail mintys
- Llond llaw llysiau'r gwewyr
- 50ml olew olewydd
- Sudd 2 lemon
- 2 lwy de hadau ffenigl (os dymunir)

DULL
1. Tynnwch ddail allanol, gwydn y ffenigl, torri'r canol allan a'i dorri'n sleisys mor denau â phosib.
2. Torrwch bob pen i'r corbwmpenni. Defnyddiwch bliciwr llysiau i greu sleisys hir, tenau a'u cymysgu gyda'r ffenigl. Torrwch y perlysiau yn fras gan adael ambell ddeilen yn gyfan a'u hychwanegu at y salad.
3. Cymysgwch yr olew a'r sudd lemon gyda halen a phupur ac arllwys y dresin dros y llysiau gan droi'r cyfan yn dda. Gellir paratoi'r dresin ymlaen llaw.
4. Tostiwch hadau ffenigl, eu gwasgu mewn pestl a mortar a'u sgeintio dros y salad cyn ei weini.

Carys' salad

In memory of a dear friend, Carys Hall – this was one of her favourite salads! Do not add the dressing until ready to eat as the courgettes may get watery. Use courgettes no more than 10cm in length as they will be nuttier and not full of seeds.

INGREDIENTS
- 1 large fennel bulb
- 6 small courgettes
- Handful mint leaves
- Handful dill
- 50ml olive oil
- Juice of 2 lemons
- 2 tsps fennel seeds (optional)

METHOD
1. Remove the tough outer leaves of the fennel, cut out the core and slice as thin as possible.
2. Trim the ends of the courgettes and with a vegetable peeler shave off long, thin slices, then mix with the fennel. Roughly chop the herbs, keeping a few leaves whole, and add to the salad.
3. Mix the oil and lemon juice and season with sea salt and pepper, then toss with the vegetables. The dressing can be made in advance.
4. Toast the fennel seeds and lightly crush in a pestle and mortar, then sprinkle over the salad before serving.

Byrgers gwyrdd

Gellir ychwanegu ychydig o gaws fel ffeta i'r gymysgedd os mynnwch. Gallwch ei weini gydag iogwrt wedi'i flasu â garlleg a mintys ffres.

Digon i wneud 6–8 byrger

CYNHWYSION
- 600g corbwmpen (3–4)
- 1 winwnsyn canolig
- 4 llwy fwrdd olew had rêp
- 1 tsili gwyrdd
- 5cm sinsir ffres
- 1 leim
- 2 lwy fwrdd cnau pin
- 1 bwnsiyn bach persli
- 1 bwnsiyn bach coriander
- 50g blawd gwycbys neu flawd plaen

DULL
1. Gratiwch y corbwmpenni a'u rhoi mewn rhidyll sy'n gorffwys ar blât gyda llwy de o halen. Cymysgwch nhw'n dda a'u gadael am 30 munud i dynnu'r lleithder o'r llysiau.
2. Pliciwch y winwns a'u torri'n fân, a'u ffrio mewn ychydig o olew tan eu bod yn feddal ond heb frownio. Torrwch y tsili yn fân a gratio'r sinsir a'u hychwanegu at y winwns a'u coginio am funud neu ddwy. Tynnwch nhw oddi ar y gwres ac ychwanegu croen a sudd y leim.
3. Tostiwch y cnau, torri'r perlysiau'n fân a'u hychwanegu at y gymysgedd.
4. Gwasgwch y corbwmpenni yn sych gyda'ch dwylo a'u cymysgu gyda'r winwns a'r sbeisys. Sgeintiwch y blawd dros y cyfan a'i gymysgu. Rhannwch y gymysgedd yn siapiau byrgers a'u hoeri am o leiaf awr er mwyn iddyn nhw setio.
5. Cynheswch ychydig o olew mewn padell fawr a'u coginio am 5 munud bob ochr. Neu leiniwch hambwrdd pobi â phapur gwrthsaim, ychwanegwch y byrgers, sgeintio ychydig o olew drostyn nhw a'u rhoi mewn popty wedi'i gynhesu i 160°C / 140°C Ffan / Nwy 3 am 15 munud, cyn eu troi a'u coginio am 15 munud arall tan eu bod yn grimp.

Chilli and lime courgette 'burgers'

You can add some grated cheese, such as feta, to the mixture if you wish. Serve with a garlic and fresh mint yoghurt dip.

Makes 6–8 burgers

INGREDIENTS
- 600g courgettes (3–4)
- 1 medium onion
- 4 tbsps rapeseed oil
- 1 green chilli
- 5cm fresh ginger
- 1 lime
- 2 tbsps pine nuts
- 1 small bunch parsley
- 1 small bunch coriander
- 50g chickpea flour or plain flour

METHOD
1. Grate the courgettes and put them in a colander set on a plate with a teaspoon of salt. Mix well and leave for 30 minutes until the moisture has been released from the courgettes.
2. Peel and finely chop the onion and fry in a little oil until soft but not browned. Finely chop the chilli and grate the ginger, then add to the onions and continue to cook for a few minutes. Remove from the heat and add the zest and juice of the lime.
3. Toast the nuts, finely chop the herbs and add to the mixture.
4. Squeeze dry the grated courgettes with your hands and mix with the onion and spices. Sprinkle in the flour and mix again, then divide into burger shapes and chill for at least an hour to set.
5. To cook, heat some oil in a large frying pan and cook the burgers for 5 minutes on each side. Alternatively, line a baking sheet with greaseproof paper and add the burgers, drizzle with a little oil and place in an oven heated to 160°C / 140°C Fan / Gas 3 for 15 minutes then turn and cook for a further 15 minutes until crisp.

Salad pasta tomatos gyda dresin pupur coch rhost

Mae rhostio'r tomatos yn araf yn eu gwneud yn fwy melys. Ychwanegwch gaws meddal neu gaws gafr am bryd cyfan.

Digon i 6

CYNHWYSION

- 400g tomatos bach
- 2 bupur coch
- 1 llwy fwrdd finegr sieri
- 3 ewin garlleg
- 3 llwy fwrdd olew olewydd
- 1 llwy de mêl
- Sudd 1 lemon
- 300g pasta unrhyw siâp
- 150g olifau cymysg (dewisol)
- 25g cennin syfi
- 25g basil
- 70g berwr y gerddi

DULL

1. Cynheswch y popty i 150°C / 130°C Ffan / Nwy 2. Torrwch y tomatos yn eu hanner, eu rhoi ar dun rhostio mawr a'u coginio yn y popty am 45 munud nes iddyn nhw ddechrau carameleiddio.
2. Rhostiwch y puprau neu eu rhoi o dan y gril am 10 munud, gan eu troi yn rheolaidd nes eu bod wedi dechrau duo a llosgi fymryn. Tynnwch nhw o'r gwres a phlicio'r croen, gan dynnu'r hadau a'r coesyn unwaith eu bod yn ddigon oer i'w trafod.
3. Rhowch y pupur mewn prosesydd bach gyda'r finegr, y garlleg wedi'i dorri, yr olew, y mêl a'r sudd lemon a'u cymysgu tan eu bod yn llyfn. Sesnwch gyda halen a phupur.
4. Coginiwch y pasta mewn sosban o ddŵr berw hallt am tua 10 munud neu tan fod y pasta yn *al dente*. Gwaredwch y dŵr a rhoi'r pasta mewn powlen fawr, gan arllwys y dresin pupur drosto a'i droi yn dda. Gadewch iddo oeri nes cyrraedd tymheredd yr ystafell cyn ychwanegu'r olifau, y perlysiau wedi'u torri, y berwr a'r tomatos rhost.

Tomato pasta salad with roast red pepper dressing

Slow-roasting the tomatoes makes them extra sweet for this sharing salad. Add some soft cheese or goat's cheese for a complete meal.

Serves 6

INGREDIENTS

- 400g cherry tomatoes
- 2 red peppers
- 1 tbsp sherry vinegar
- 3 garlic cloves
- 3 tbsps olive oil
- 1 tsp honey
- Juice of 1 lemon
- 300g pasta shapes
- 150g mixed olives (optional)
- 25g chives
- 25g basil
- 70g rocket

METHOD

1. Preheat the oven to 150°C / 130°C Fan / Gas 2. Cut the tomatoes in half and place on a large roasting tin and cook in the oven for 45 minutes until slightly caramelised.
2. Roast or grill the peppers for 10 minutes, turning frequently until blackened and charred. Remove from the heat, and peel away the skin and remove the seeds and stalks once they are cool enough to handle.
3. Place the pepper flesh in a small food processor along with the vinegar, chopped garlic, olive oil, honey and lemon juice. Blitz until smooth and season.
4. Cook the pasta in a large pan of lightly salted boiling water for 10 minutes or until *al dente*. Drain well and toss in a large bowl with the dressing until coated, then leave to cool to room temperature before adding the olives, cut herbs, rocket and roast tomatoes.

Salad *panzanella*

Salad o flasau Môr y Canoldir a chyfle gwych i ddefnyddio hen fara. Y ffordd orau o dynnu croen tomatos yw eu rhoi mewn powlen o ddŵr berw a'u gadael am funud cyn eu plicio.

Digon i 6–8

CYNHWYSION

- 1 hen dorth *ciabatta*
- 750g tomatos aeddfed
- 2 ewin garlleg
- 75ml olew olewydd
- 2 lwy fwrdd finegr gwin coch
- 2 bupur coch
- 2 bupur melyn
- 1 tsili coch
- ½ ciwcymbr
- 1 winwnsyn coch
- 100g olifau du heb gerrig
- Bwnsiyn basil wedi'i dorri'n fras

DULL

1. Rhwygwch y bara yn ddarnau trwchus a'u rhoi mewn powlen fawr. Tynnwch groen a hadau'r tomatos a'u rhoi mewn rhidyll dros bowlen arall. Torrwch y tomatos yn 8 darn. Malwch y garlleg gydag ychydig o halen a'i ychwanegu at y tomatos gyda'r garlleg, y pupur du, yr olew olewydd a'r finegr. Arllwyswch y cyfan dros y bara a'i droi tan fod y bara wedi amsugno'r sudd i gyd.
2. Rhostiwch y puprau a'r tsili mewn popty twym – 200°C / 180°C Ffan / Nwy 6 – neu ar y barbeciw tan fod y croen bron yn ddu. Tynnwch groen a hadau'r puprau a'u torri'n 8 darn. Tynnwch hadau'r tsili a'i dorri'n fân.
3. Tynnwch hadau'r ciwcymbr a'i dorri'n giwbiau mawr. Torrwch y winwns yn sleisys tenau a thorri'r basil yn fras. Rhowch y bara, y tomatos, y ciwcymbr, y winwns, y basil a'r pupur i ffurfio haenau gan orffen gyda'r pupur, yr olifau cyfan a'r basil. Gadewch y cyfan am awr cyn ei weini gydag ychydig mwy o olew olewydd.

Panzanella

A salad full of Mediterranean flavours and a delicious way of using stale bread. The best way of peeling tomatoes is to plunge them into boiling water and leave them for a minute before peeling.

Serves 6–8

INGREDIENTS

- 1 stale ciabatta loaf
- 750g ripe tomatoes
- 2 cloves garlic
- 75ml olive oil
- 2 tbsps red wine vinegar
- 2 red peppers
- 2 yellow peppers
- 1 red chilli
- ½ cucumber
- 1 red onion
- 100g black olives, stoned
- Bunch basil

METHOD

1. Tear the bread into thick pieces and place in a large bowl. Remove the skin and seeds of the tomatoes and place in a sieve over another bowl. Cut the tomatoes into 8 pieces. Crush the garlic with a little salt and use to season the juice of the tomatoes along with black pepper, olive oil and vinegar. Pour this over the bread and stir until the bread has absorbed all the juice.
2. Heat the oven to 200°C / 180°C Fan / Gas 6 and roast the pepper and chilly (or barbeque) until the skins are almost black. Peel and seed the peppers and cut into 8 pieces. Remove the seeds and finely chop the chilly.
3. Deseed and cut the cucumber into large cubes, thinly slice the onion and coarsely chop the basil. In a large dish, place the bread, tomatoes, cucumber, onion, basil and peppers in layers, finishing with the peppers, whole olives and basil. Leave for an hour before serving with more olive oil.

Jam tomato a tsili rhost

Jam sawrus gyda chic – mae rhostio'r tomatos yn cryfhau'r melyster naturiol! Gallwch ei weini gyda chaws hufennog neu gaws gafr ar dost.

CYNHWYSION

- 1kg tomatos
- 1 winwnsyn
- 2 lwy fwrdd olew olewydd
- 1–2 tsili coch
- 4 ewin garlleg
- 75g siwgr brown meddal
- 100ml finegr gwin coch
- 2 ddeilen llawryf
- 1 llwy fwrdd hadau coriander
- 1 seren anis

DULL

1. Cynheswch y popty i 200°C / 180°C Ffan / Nwy 6. Torrwch y tomatos yn eu hanner, gosod ffoil ar waelod tun pobi a rhoi'r tomatos yn y tun gyda'r ochr wedi'i thorri tuag i lawr.
2. Pliciwch y winwns, eu torri'n ddarnau mawr a'u rhoi ar y tun gyda'r tomatos. Ychwanegwch yr olew a sesno gyda halen a phupur. Rhostiwch nhw am 25 munud cyn ychwanegu'r tsilis cyfan a'r 4 ewin garlleg heb eu plicio, a'u rhostio eto am 20 munud tan fod y tomatos wedi digoni.
3. Ewch ati i sterileiddio potiau jam gyda dŵr berw, a'u rhoi yn y popty unwaith y bydd y tomatos wedi'u coginio a'r popty wedi'i ddiffodd.
4. Rhowch y siwgr, y finegr, y dail llawryf a'r sbeisys mewn sosban fawr dros wres cymedrol. Gwasgwch y garlleg o'u crwyn, torri'r tsilis yn fras ac ychwanegu'r ddau i'r sosban. Rhowch y tomatos a'r winwns rhost yn y sosban a dod â'r gymysgedd i'r berw, yna ei mudferwi dros wres canolig i uchel am 12–15 munud gan ei throi bob hyn a hyn fel nad yw'n glynu yng ngwaelod y sosban.
5. Arllwyswch y cyfan i brosesydd bwyd neu gymysgwr llaw a'i brosesu am ychydig gan gadw peth o'i ansawdd naturiol, cyn ei arllwys i'r potiau a gadael i'r jam oeri cyn eu gorchuddio.

Roast tomato chilli jam

A savoury jam with a kick – roasting the tomatoes concentrates their natural sweetness! Serve with goat's or cream cheese on toast.

INGREDIENTS

- 1kg tomatoes
- 1 onion
- 2 tbsps olive oil
- 1–2 red chillies
- 4 garlic cloves
- 75g soft brown sugar
- 100ml red wine vinegar
- 2 bay leaves
- 1 tbsp coriander seeds
- 1 star anise

METHOD

1. Preheat the oven to 200°C / 180°C Fan / Gas 6. Line a baking tray with foil and lay the tomatoes cut side down on top.
2. Peel and cut the onion into wedges and place on the tray with the tomatoes. Drizzle with the oil and season with salt and pepper. Roast for 25 minutes then add the whole chillies and unpeeled garlic cloves, and roast for a further 20 minutes until the tomatoes have collapsed.
3. Sterilise a few jam jars with boiling water, and place in the oven once you have removed the tomatoes and switched the oven off.
4. Put the sugar, vinegar, bay leaves and spices in a large pan over a medium heat. Squeeze the garlic out of the skins, roughly chop the chillies and add both to the pan. Stir in the tomatoes and onion and bring to a boil, then simmer on a medium-high heat for 12–15 minutes, stirring now and then to avoid it catching.
5. Blend in a food processor or with a stick blender, keeping some texture in the jam, and pour into the sterilised jars and leave to cool before covering.

Cyrri iogwrt cyw iâr

Cyrri syml a iachus – gallwch ei weini gyda reis neu fara naan.

Digon i 4

CYNHWYSION
- 200g iogwrt naturiol
- 1 llwy de garam masala
- ½ llwy de tyrmerig
- ½ llwy de powdr tsili
- Sudd ½ lemon
- 2 ewin garlleg
- 4 brest cyw iâr neu ffesant
- 3 tomato ffres
- 2 lwy fwrdd olew llysiau
- Llond llwy de dda hadau cwmin
- Coriander ffres

DULL
1. Cymysgwch yr iogwrt, y sbeisys, y sudd lemon a'r garlleg wedi'i blicio a'i dorri ac ychwanegu halen a phupur.
2. Torrwch y cig yn ddarnau 3cm a'u hychwanegu at y gymysgedd iogwrt, trowch nhw tan eu bod wedi'u gorchuddio'n dda a'u gadael yn y marinâd am awr neu dros nos.
3. Torrwch y tomatos yn sleisys tenau, yna cynhesu'r olew mewn padell ac ychwanegu'r hadau cwmin. Unwaith y byddant yn dechrau hisian, ychwanegwch y tomatos a'u coginio dros wres canolig am 5 munud tan eu bod yn dechrau meddalu.
4. Ychwanegwch y cig wedi'i farinadu ac unrhyw farinâd sydd dros ben, cymysgwch y cyfan yn dda ac yna codi'r gwres i'r berw. Gorchuddiwch y cyfan a'i goginio dros wres canolig am 10 munud tan y bydd y cig wedi'i goginio'n iawn. Os yw'r saws yn rhy drwchus ychwanegwch ychydig o ddŵr cynnes. Blaswch i weld a oes angen ychwanegu halen a phupur.
5. Rhowch goriander ffres wedi'i dorri ar ei ben cyn ei weini.

Chicken yoghurt curry

A simple, healthy curry – serve with rice or naan bread.

Serves 4

INGREDIENTS
- 200g natural yoghurt
- 1 tsp garam masala
- ½ tsp turmeric
- ½ tsp chilli powder
- Juice of ½ lemon
- 2 garlic cloves
- 4 chicken or pheasant breasts
- 3 fresh tomatoes
- 2 tbsps vegetable oil
- 1 heaped tsp cumin seeds
- Fresh coriander

METHOD
1. Mix the yoghurt, spices and lemon juice with the peeled and chopped garlic, and season with salt.
2. Cut the meat into 3cm pieces and add to the yoghurt mixture, turn until well coated and leave to marinade for an hour or overnight.
3. Cut the tomatoes into thin slices then heat the oil in a pan and add the cumin seeds. Once they start to sizzle, add the tomatoes and cook over a medium heat for 5 minutes until they start to soften.
4. Add the marinated meat and any excess marinade, mix well then bring to the boil. Cover and cook over a medium heat for 10 minutes until the meat is cooked through. If the sauce is too thick add a little hot water. Taste for seasoning.
5. Sprinkle with chopped fresh coriander before serving.

Tarten werdd

Tarten i ddathlu dyfodiad yr haf gyda phentwr o lysiau gwyrdd ffres. Fe ellid defnyddio unrhyw fath o gaws ond fy ffefryn i yw'r caws gafr caled Ffetys gan Y Cwt Caws o Sir Fôn. Mae modd gwneud tartenni unigol fel sydd ar glawr y llyfr.

CYNHWYSION

- 1 pecyn 320g crwst pwff wedi'i rolio'n barod
- 300g pys, ffres neu wedi'u rhewi
- 4 + 1 wy canolig
- 75g caws caled fel Cheddar neu gaws gafr

Topin
- 125g merllys
- 100g pys
- Sudd ½ lemon
- 1 llwy fwrdd olew olewydd
- 2 lond llaw berwr dŵr neu egin pys
- 75g Ffetys neu ffeta

DULL

1. Rholiwch y crwst yn fwy i orchuddio tun tarten 21 x 31cm gan ei wasgu i'r ochrau. Twtiwch yr ymylon a gwneud tyllau gyda fforc yn y gwaelod. Gadewch iddo oeri am 20 munud yn yr oergell a chynheswch y popty i 200°C / 180°C Ffan / Nwy 6. Leiniwch y crwst â phapur gwrthsaim a'i lenwi â ffa phobi, a'i bobi am 15 munud tan fod yr ochrau yn gadarn. Tynnwch y crwst o'r popty a thynnu'r papur i ffwrdd. Chwyrlïwch yr un wy a brwsio hwn dros waelod y crwst cyn ei ddychwelyd i'r popty i bobi am 5 munud arall.

2. Os byddwch yn defnyddio pys ffres, coginiwch nhw am 5 munud cyn gwaredu'r dŵr. Ar gyfer pys wedi'u rhewi arllwyswch ddŵr berw drostyn nhw, gan waredu'r dŵr cyn eu rhoi mewn prosesydd bwyd gyda'r 4 wy a gweddill yr wy wedi'i chwyrlïo a'r caws wedi'i gratio neu ei friwsioni. Sesnwch gyda halen a phupur a'i gymysgu tan ei fod yn llyfn. Arllwyswch y gymysgedd i'r tun a'i choginio am 15 munud tan fod y llenwad yn gadarn.

3. Ar gyfer y topin, torrwch goesau'r merllys yn ddarnau 2cm gan adael 7cm o dop y llysieuyn yn un darn, a choginio'r darnau bach mewn dŵr berw am 4 munud ynghyd â 100g o'r pys (ychwanegwch bys wedi'u rhewi ar ôl 2 funud). Rhowch y topiau merllys i goginio am 2 funud. Tynnwch y llysiau o'r dŵr a'u rhoi yn syth mewn powlen o ddŵr rhewllyd er mwyn atal y coginio a chadw'r lliw gwyrdd llachar.

4. I'w gweini, gadewch y darten yn y tun i oeri cyn ei throsglwyddo i blât addas. Draeniwch y dŵr o'r llysiau a'u rhoi mewn powlen gyda'r sudd lemon, yr olew a'r halen a phupur a'r berwr dŵr gan eu troi yn ysgafn, cyn addurno'r darten gyda'r llysiau. I orffen, briwsionwch y Ffetys dros y cyfan.

Summer green tart

A savoury tart full of fresh green vegetables to welcome summer! Use any type of cheese, although my favourite is a hard goat's cheese from Anglesey, Ffetys from Y Cwt Caws. You can make individual tarts too as seen on the book cover.

INGREDIENTS

- 1 packet 320g puff pastry ready rolled
- 300g peas, fresh or frozen
- 4 medium eggs + 1 egg
- 75g hard cheese such as Cheddar or goat's cheese

Topping
- 125g asparagus
- 100g peas
- Juice of ½ lemon
- 1 tbsp olive oil
- 2 handfuls watercress or pea shoots
- 75g Ffetys or feta

METHOD

1. Roll out the pastry further to fit a 21 x 31cm tart tin, pressing into the sides. Trim the edges and prick the base with a fork. Leave to chill for 20 minutes then preheat the oven to 200°C / 180°C Fan / Gas 6. Line the pastry with greaseproof paper and fill with baking beans and blind bake for 15 minutes, or until the sides are set. Remove the paper and beans, brush the pastry with a beaten egg and return to the oven for 5 minutes.
2. If using fresh peas cook for 5 minutes then drain. For frozen, pour over boiling water and drain then put in a food processor with the eggs and remaining egg wash egg, grated cheese and seasoning and blend until smooth, then pour into the tart tin and return to the oven to cook for 15 minutes until just set.
3. For the topping, slice the asparagus stalks into 1cm pieces, leaving 7cm of the tips intact, and cook the pieces in boiling water for 4 minutes along with the fresh peas (for frozen add after 2 minutes), split the asparagus tips and add after 2 minutes of cooking. Drain and transfer to a bowl of ice-cold water to stop the cooking.
4. To serve, leave the tart to cool in the tin then transfer to a plate. Drain the vegetables well then add to a bowl and season with the juice of half a lemon, a tablespoon of olive oil and salt and pepper and lightly toss in the watercress. Lift onto the tart and crumble over the feta cheese.

Salad cyw iâr ac eirin gwlanog

Mae naws y Dwyrain Pell i'r salad crensiog yma. Cofiwch ddewis eirin gwlanog neu nectarîns aeddfed, sydd ar eu gorau.

Digon i 4

CYNHWYSION

- 300g cyw iâr wedi'i goginio
- 1 letysen neu gymysgedd o ddail
- 1 pecyn egin ffa
- 2 eirinen wlanog aeddfed
- 6 rhuddygl
- 1 ciwcymbr
- 2 lond llaw dail mintys
- 6 sibwnsen
- 3 llwy fwrdd cnau hallt, e.e. cnau mwnci, cashew

Dresin
- 1 tsili coch
- Sudd 2 leim neu lemon
- 2 lwy fwrdd olew sesame
- 1 llwy de mêl
- Mymryn o saws pysgod

DULL

1. Torrwch y cyw iâr yn ddarnau o faint bwytadwy.
2. Ar gyfer y dresin, torrwch y tsili yn fân gan waredu'r hadau a chymysgu popeth yn dda. Sesnwch gyda halen a phupur.
3. Golchwch y letys a'r egin ffa, eu sychu a thorri'r dail mwyaf yn llai.
4. Hanerwch yr eirin gwlanog, tynnu'r garreg a'u torri'n sleisys tenau a thorri'r rhuddygl yn chwarteri.
5. Torrwch y ciwcymbr ar ei hyd, tynnu'r hadau gyda llwy de a'i dorri yn siapiau hanner lleuad.
6. Torrwch y mint yn fras a thorri'r sibwns ar letraws.
7. Rhowch yr holl gynhwysion, heblaw'r cnau, mewn powlen fawr ac arllwys y dresin drostyn nhw.
8. Torrwch y cnau yn fras a'u gwasgaru dros y salad cyn ei weini.

Chicken and peach salad

This fresh and crisp salad has an Asian influence. Use ripe peaches or nectarines at their best.

Serves 4

INGREDIENTS

- 300g leftover cooked chicken
- 1 lettuce or mixed salad leaves
- 1 packet beansprouts
- 2 ripe peaches
- 1 cucumber
- 6 radishes
- 2 handfuls mint leaves
- 6 spring onions
- 3 tbsps salted nuts, e.g. peanuts, cashew

Dressing
- 1 red chilli
- Juice 2 limes or lemons
- 2 tbsps sesame oil
- 1 tsp clear honey
- Splash of fish sauce

METHOD

1. Tear the chicken into bite-size pieces.
2. For the dressing, deseed and finely slice the chilli, mix together all the ingredients and stir. Season with salt and pepper.
3. Wash the lettuce and beansprouts, drain and tear the larger leaves into smaller pieces.
4. Halve, stone and thinly slice the peaches and cut the radish into quarters.
5. Cut the cucumber lengthways, remove the seeds with a teaspoon and slice into half-moon shapes.
6. Roughly chop the mint and slice the spring onions diagonally.
7. In a large bowl, mix all the salad ingredients except the nuts and toss with the dressing.
8. Roughly chop the nuts and scatter over the salad before serving.

Ffrwythau

Afalau, ciwi, cwins, eirin, ffigys, gellyg, mwyar, riwbob

Ymhlith fy atgofion cynharaf mae casglu ffrwythau o'r berllan ar y fferm deuluol a helpu Mam-gu i wneud cacennau, jam, catwad a diodydd o bob math! Rwy'n dal i fwynhau'r broses yma o baratoi ffrwythau'r haf a'r hydref i'w cadw er mwyn eu mwynhau drwy gydol y flwyddyn neu eu rhoi fel anrhegion. Rwy wrth fy modd hefyd yn casglu mwyar, llus, blodau ac eirin ysgaw ac eirin gwyllt i wneud diodydd a jams, fel y gwelwch yn y tudalennau nesaf.

Er nad yw'r ardd yn anferth mae gennym ddwy goeden afalau, riwbob, cwrens, mafon, mefus ac eirin Mair. Rwy'n dal i ddisgwyl am eirin duon gan y goeden Gymreig brin o'r enw Abergwyngregyn a blannwyd ers dwy flynedd bellach!

Wyddech chi mai'r unig fath o eirin Cymreig i oroesi yw Eirin Dinbych Dyffryn Clwyd, sydd â statws arbennig, sef PDO (Enw Tarddiad Gwarchodedig), a bod sôn amdanynt mor bell yn ôl ag 1785? Bob mis Hydref mae gŵyl i ddathlu'r eirinen arbennig, sef Gŵyl Eirin Dinbych.

Mae'r Ardd Fotaneg yn gartref i'r Casgliad Cenedlaethol o Amrywogaethau Afalau Cymreig, gyda 42 o gyltifarau. Er gwaethaf pwysigrwydd hanesyddol a phoblogrwydd enfawr yr afal, mae mwy na hanner perllannau Cymru a Lloegr wedi mynd i ddifancoll ers 1900. Yng Nghymru mae afalau yn rhan fawr o ddiwylliant ein gwlad ers canrifoedd, o afalau seidr yn dâl i weision ffermydd i fathau masnachol hanfodol. Yn ystod ei hanes maith, datblygodd Cymru fathau unigryw o afalau gydag enwau llawn mor unigryw, gan gynnwys Trwyn Mochyn a Thin yr Ŵydd!

Byddai coed ysgaw a chriafol yn cael eu tyfu i gadw'r diafol ac ysbrydion drwg draw! Syndod oedd darganfod bod cymaint o ffrwythau gwahanol yn cael eu tyfu yng ngerddi Amgueddfa Werin Cymru yn Sain ffagan – afalau o bob math, bricyll, eirin gwlanog, ffigys, riwbob a mwyar Mair. Darganfyddiad newydd i mi oedd y berllan odidog o goed mwyar Mair, ond gofalwch beidio â gwisgo dillad golau i gasglu'r ffrwythau fel wnes i, gan eu bod yn diferu sudd coch tywyll wrth eu casglu! Mae ganddynt flas unigryw, cyfoethog, bron fel port, sy'n wahanol i fwyar eraill! Maent hefyd yn tyfu'r goeden afalau Beauty of Bath yno, ac roedd y math yma yn draddodiadol yn symbol o statws ac yn un o'r afalau cynharaf i'w cynaeafu ym mis Gorffennaf. Y rhain sy'n cael eu gwasgu i greu'r sudd afal melys a werthir yn siopau'r amgueddfa.

Fruit

Apples, berries, figs, kiwi, pears, plums, quince, rhubarb

Some of my earliest memories are of collecting fruit from the orchard of the family farm and then helping Mam-gu to prepare fruit tarts, cakes, jams and chutneys and all manner of drinks! To this day I still enjoy this process of preserving the fruits of summer and autumn to enjoy during the rest of the year or to give as gifts. I also love foraging for blackberries, whinberries, the flowers and berries of the elder and sloes to make preserves and drinks, as demonstrated on the next few pages.

Although our garden is not huge we do manage to grow two apple trees, rhubarb, currants, raspberries, strawberries and gooseberries. However, I have been waiting for two years for a newly-planted rare Welsh damson tree – Abergwyngregyn – to fruit!

Did you know that the only native Welsh plum to survive is the Denbigh Plum which has received special status – PDO (Protected Designation of Origin) – and was first mentioned in 1785? It even has its own festival, the Denbigh Plum Festival, which is held every October.

The National Botanic Garden houses the National Collection of Welsh Apple Varieties, with 42 cultivars either of Welsh origin or having a long-standing tradition of being grown in Wales. Despite the apple's historical importance and vast popularity, more than half of England and Wales' orchards have been lost since 1900. In Wales, apples have been ingrained in the culture for centuries, from cider apples as payment to farm labourers to key commercial varieties. Over this long history, Wales cultivated many unique apple varieties with some equally unique names, including Trwyn Mochyn, which translates as 'Anglesey pig snout', and Tin yr Ŵydd, or 'goose's arse'.

Elderflower and rowan trees were grown to ward off evil spirits. I was surprised to discover so many different fruit growing at St Fagans National Museum of History, with many varieties of apple trees, apricots, peaches, figs, rhubarb and mulberries. The stunning mulberry orchard was a new discovery, although I would not advise harvesting them wearing light-coloured clothing as I did, as they like to drip a dark red juice as you harvest! They have a unique rich, port-like earthy flavour – like no other berry! They also grow the Beauty of Bath apple which was grown as a status symbol and is one of the first apples to be harvested in July. These apples are juiced, bottled and sold in the museum's shops.

Hwyaden wyllt rost gydag eirin ac orenau sbeislyd

Mae modd coginio hwyaden gyffredin yn lle un wyllt ond bydd angen ymestyn yr amser coginio.

Digon i 4

CYNHWYSION

- 2 winwnsyn coch
- 8 eirinen
- 2 hwyaden wyllt yn barod i'w rhostio
- 2 lwy fwrdd olew had rêp
- 2 ddeilen llawryf
- 8 sbrigyn teim ffres
- 2 seren anis
- 1 ffon sinamon
- 15g menyn
- 2 oren

DULL

1. Pliciwch a thorri'r winwns yn 8 talp, yna hanerwch yr eirin a thynnu'r cerrig. Sesnwch yr hwyaid gwyllt gyda halen a phupur a chynhesu'r olew mewn tun rhostio neu badell ffrio fawr dros wres canolig i uchel. Browniwch yr hwyaid ar bob ochr ac yna rhoi'r sbeisys a'r perlysiau y tu mewn i geudod pob hwyaden, ynghyd â rhai o'r winwns a'r menyn. Rhowch weddill y winwns yn y tun rhostio.
2. Tynnwch groen yr orenau gyda chyllell finiog a thynnu sudd yr orenau. Arllwyswch sudd un oren dros yr hwyaid ac ychwanegu croen yr oren i'r tun rhostio.
3. Cynheswch y popty i 180°C / 160°C Ffan / Nwy 4 a rhostio'r hwyaid am 15 munud. Ychwanegwch yr eirin i'r tun, gorchuddio'r cyfan â ffoil a'i ddychwelyd i'r popty am 20 munud arall tan fod y cig wedi'i goginio a'r frest yn binc. Tynnwch y cyfan allan o'r popty a rhoi'r hwyaid, yr eirin a'r winwns i orffwys ar blât cynnes tra byddwch yn paratoi'r saws.
4. Rhowch y tun dros wres canolig, tynnu unrhyw fraster ac ychwanegu gweddill y sudd oren. Crafwch y gweddillion ar waelod y tun a dod â'r saws i'r berw a'i fudferwi tan ei fod wedi tewychu.
5. Cerfiwch yr hwyaid gwyllt, eu rhoi ar blât a'u gweini gyda'r winwns wedi'u rhostio, yr eirin a'r saws.

Roast mallard with spiced plums and oranges

You can replace the mallard with duck in this recipe but you will need to extend the cooking time.

Serves 4

INGREDIENTS
- 2 red onions
- 8 plums
- 2 mallards ready to roast
- 2 tbsps rapeseed oil
- 2 bay leaves
- 8 sprigs fresh thyme
- 2 star anise
- 1 cinnamon stick
- 15g butter
- 2 oranges

METHOD
1. Peel and cut the onions into 8 wedges each and halve and stone the plums. Season the mallards with salt and pepper and heat the oil in a roasting tin or large frying pan over a medium-high heat. Brown the mallards on all sides then place the spices and herbs inside the cavity of each mallard, along with some of the onions and butter. Place the rest in the roasting tin.
2. Remove the skin of the oranges with a sharp knife and juice the oranges. Pour the juice of one orange over the mallards and add the orange zest to the roasting tin.
3. Heat the oven to 180°C / 160°C Fan / Gas 4 and roast the mallards for 15 minutes then add the plums to the tin, cover with foil and return to the oven for another 25 minutes until the meat is just cooked and the breasts pink. Remove from the oven and place the mallards, plums and onions on a warm plate to rest while you prepare the sauce.
4. Place the tin over a medium heat, skim off any fat and add the remaining orange juice. Deglaze the tin by scraping all the residue in the tin and bring to a boil, then simmer until reduced.
5. Carve the mallards, plate and serve with the roasted onions, plums and sauce.

Ffesant a ffigys o'r popty

Mae helgig a ffigys ar eu gorau ac yn eu tymor yn ystod yr hydref a'r gaeaf ac mae'r rysáit hon yn cyfuno'r ddau.

Digon i 4

CYNHWYSION
- 4 brest ffesant
- 1 bwlb garlleg cyfan
- 4 llwy fwrdd finegr sieri
- 8 sbrigyn teim
- 2 winwnsyn coch
- 6 ffigysen ffres
- 3 llwy fwrdd olew had rêp
- 12 olif du wedi'u haneru a heb gerrig

DULL
1. Paratowch y marinâd drwy wasgu 2 ewin garlleg a'u cymysgu â llwy fwrdd o finegr ac ychydig o ddail teim. Rhowch halen a phupur ar y brestiau a gadewch nhw yn y marinâd am ychydig oriau neu dros nos.
2. Cynheswch y popty i 200°C / 180°C Ffan / Nwy 6 a rhoi gweddill yr ewinedd garlleg cyfan yn eu croen mewn tun dwfn, mawr. Pliciwch a thorri'r winwns yn 8 darn a'u hychwanegu at y garlleg. Yna torrwch y ffigys yn eu hanner a'u hychwanegu at y tun ynghyd â gweddill y teim.
3. Arllwyswch yr olew dros y cyfan a throi'r llysiau a'r ffigys gyda'ch dwylo cyn ychwanegu digon o halen a phupur, ac arllwys gweddill y finegr ac unrhyw farinâd dros bopeth cyn eu rhostio am 20 munud.
4. Cynheswch badell ffrio dros wres uchel a brownio'r brestiau ffesantod wedi'u marinadu yn gyflym ar y ddwy ochr, cyn eu trosglwyddo i'r tun pobi ar ôl i'r winwns rostio a gwasgaru'r olifau dros y cyfan. Rhostiwch nhw am 10–15 munud arall tan fod y cig wedi'i goginio.
5. Tynnwch y tun o'r popty a'i weini'n syth gyda thatws wedi crimpio a salad gwyrdd.

Figgy pheasant traybake

Game and figs are at their best in the autumn and winter and this dish combines both.

Serves 4

INGREDIENTS
- 4 pheasant breasts
- 1 whole garlic bulb
- 4 tbsps sherry vinegar
- 8 sprigs thyme
- 2 red onions
- 6 fresh figs
- 3 tbsps rapeseed oil
- 12 black olives halved and stoned

METHOD
1. Marinade the pheasant by crushing 2 cloves of garlic and mixing with a tablespoon of vinegar and the leaves from a few sprigs of thyme. Season the breasts with salt and pepper and leave in the marinade for a few hours or overnight.
2. Heat the oven to 200°C / 180°C Fan / Gas 6 and put the remaining garlic cloves whole in their skin in a large, deep oven tray. Peel and cut the onions into 8 wedges and add to the garlic. Then cut the figs in half and add to the tin along with the remaining thyme.
3. Pour over the oil and toss the vegetables and figs with your hands, then season with salt and pepper and drizzle over the remaining vinegar and any marinade, then roast for 20 minutes.
4. Heat a frying pan over a high heat and quickly brown the marinated pheasant breasts on both sides, then transfer to the oven tray once the onions have roasted and scatter over the olives. Roast for a further 10 minutes until the meat is cooked.
5. Remove from the oven and serve straight from the tray with some crispy potatoes and a green salad.

Stêc cig carw gyda saws medd mwyar duon

Mae cig carw a mwyar gwyllt yn bartneriaid perffaith, a gellir defnyddio llugaeron yn lle'r mwyar dros gyfnod y Nadolig.

Digon i 2

CYNHWYSION
- 1 sialotsen
- 2 lwy fwrdd olew had rêp
- 1 llwy fwrdd sinsir ffres wedi'i gratio
- 1 oren
- 4 aeronen feryw, wedi'u malu
- 100g mwyar duon
- 100ml medd mwyar duon Afon Mêl
- 1 llwy de jeli cyrens cochion
- 2 stêc cig carw
- 15g menyn Cymreig

DULL
1. Gwnewch y saws trwy dorri'r sialóts yn fân a chynhesu 1 llwy fwrdd o olew mewn padell fach dros wres canolig. Ychwanegwch y sialóts a'u coginio am tua 6 munud tan eu bod wedi meddalu.
2. Gratiwch y sinsir a phlicio croen yr oren, gwasgu'r sudd ac ychwanegu'r ddau at y sialóts ynghyd â'r aeron meryw, y mwyar duon, y sinsir a'r medd. Coginiwch nhw am tua 5 munud tan fod y mwyar duon yn dechrau meddalu. Gostyngwch y gwres ac ychwanegu'r jeli cyrens cochion, yna blaswch y saws a'i sesno gyda halen a phupur a'i goginio am 5 munud arall. Rhowch y saws o'r neilltu tra byddwch yn coginio'r stêcs.
3. Rhowch halen a phupur ar y stêcs a chynhesu padell ffrio dros wres canolig i boeth. Yna ychwanegwch weddill yr olew a'r menyn, ac ar ôl iddo doddi coginiwch y stêcs am 3 munud ar y ddwy ochr ar gyfer cig canolig. Arllwyswch unrhyw fraster sydd dros ben i ffwrdd, ychwanegu'r saws i'r badell a'i ailgynhesu am ychydig funudau.
4. Gweinwch y stêc wedi'i sleisio os dymunwch, ynghyd â'r saws a thatws stwnsh mwstard a brocoli wedi'i stemio neu *cavolo nero*.

Venison steak with blackberry mead sauce

Venison and foraged fruit are a perfect partnership, or you can replace the blackberries with cranberries over the festive period.

Serves 2

INGREDIENTS
- 1 shallot
- 2 tbsps rapeseed oil
- 1 tbsp grated fresh ginger
- 1 orange
- 4 juniper berries, crushed
- 100g blackberries
- 100ml Afon Mêl blackberry mead
- 1 tsp redcurrant jelly
- 2 venison steaks
- 15g butter

METHOD
1. Make the sauce by finely chopping the shallot then heating 1 tablespoon of oil in a small pan over a medium heat, add the shallots and cook for around 6 minutes until softened.
2. Grate the ginger and zest the rind of the orange and squeeze the juice and add both to the shallots along with the juniper berries, blackberries, ginger and mead. Cook for around 5 minutes until the blackberries begin to soften. Reduce the heat and add the redcurrant jelly, then taste and season with salt and pepper and cook for a further 5 minutes. Set aside while you cook the steaks.
3. Season the steaks with salt and pepper and heat a frying pan over a medium to hot heat. Then add the rest of the oil and butter and once melted, cook the steaks for 3 minutes on both sides for medium. Pour off any excess fat and add the sauce to the pan and reheat for a few minutes.
4. Serve the steak sliced if you wish, accompanied by the sauce and mustard mashed potato and steamed broccoli or cavolo nero.

Lwyn o borc rhost Cymreig gyda seidr o Gymru

Cyfuniad clasurol o borc, afal a seidr gyda pherlysiau'r gaeaf i ychwanegu blas.

Digon i 6

CYNHWYSION

- Darn 1.8kg o lwyn porc Cymreig a'r cig wedi'i rowlio a'i glymu
- 2 ewin garlleg
- Bwnsiaid bach rhosmari, wedi'i rannu'n sbrigynnau bychain
- 3 deilen llawryf, wedi'u rhwygo
- 1 winwnsyn
- 1 foronen fawr
- 1 afal Bramley
- 2 lwy fwrdd blawd plaen
- 100ml seidr o Gymru
- 500ml stoc llysiau neu gyw iâr

DULL

1. Gwnewch grafiadau yng nghroen y porc gyda chyllell finiog a rhwbio halen i'r croen 2 awr cyn ei goginio, gan ei adael heb ei orchuddio yn yr oergell.
2. Cynheswch y popty i 230°C / 210°C Ffan / Nwy 8. Torrwch y garlleg yn sleisys. Trowch y porc fel bod y croen tuag i lawr a defnyddio cyllell fechan i wneud tua 6 thwll dwfn yn y cig. Rhowch ddarn bychan o arlleg, sbrigyn o rosmari a deilen llawryf ym mhob twll cyn troi'r porc fel ei fod yn wynebu'r ffordd iawn. Os na wnaethoch chi halltu'r porc ynghynt, rhowch halen ar y croen nawr.
3. Torrwch y winwns a'r moron yn fras a phlicio'r afal a'i dorri'n sleisys bras. Cymysgwch y moron, y winwns a'r afal a'u gosod ar hyd canol tun rhostio bas, er mwyn creu gwely i'r porc eistedd arno. Rhowch y porc ar y llysiau a'i roi yn y popty a'i adael am 15 munud, yna gostyngwch y gwres i 180°C / 160°C Ffan / Nwy 4 a pharhau i'w rostio am 1 awr 30 munud.
4. Tynnwch y porc o'r tun rhostio a'i drosglwyddo i fwrdd er mwyn iddo orffwys. Tywalltwch yr holl fraster ac eithrio 2 lwy fwrdd o'r tun.
5. Cymysgwch y blawd gyda'r llysiau a'u coginio tan fod gennych bast euraid tywyll, yna rhowch y seidr i mewn a'i ferwi tan fod gennych bast trwchus drachefn.
6. Tywalltwch y stoc i mewn a mudferwi popeth am 8–10 munud tan fod gennych grefi wedi tewychu. Hidlwch y saws i sosban gan wthio cymaint o'r afal meddal ag y gallwch drwy'r rhidyll. Mudferwch y saws eto ac ychwanegu halen a phupur i roi blas.
7. Cerfiwch y lwyn porc, gyda'r grofen yn sownd iddo, a'i weini gyda'r grefi afal a seidr.

Roast loin of Welsh pork with Welsh cider

A classic combination of pork, apple and cider with flavoursome winter herbs.

Serves 6

INGREDIENTS

- 1.8kg piece of rolled and tied Welsh pork loin
- 2 garlic cloves
- Small bunch rosemary, broken into small sprigs
- 3 bay leaves, torn
- 1 onion
- 1 large carrot
- 1 Bramley apple
- 2 tbsps plain flour
- 100ml Welsh cider
- 500ml vegetable or chicken stock

METHOD

1. Score the pork skin with a sharp knife and rub salt into the skin 2 hours before cooking, and leave it uncovered in the fridge.
2. Heat the oven to 230°C / 210°C Fan / Gas 8. Peel and slice the garlic. Turn the pork rind-side down and with a small knife make about 6 deep incisions along the meat. Poke a sliver of garlic, a piece of rosemary and bay leaf into each incision and turn the pork the right way up. If you didn't salt the pork earlier salt the skin now.
3. Roughly chop the carrot and onion. Peel and slice the apple into large pieces. Scatter the vegetables and apple along the middle of a shallow roasting tray to make a bed for the pork to sit on. Sit the pork on the vegetables and place in the oven and leave for 15 minutes, then reduce the heat to 180°C / 160°C Fan / Gas 4 and continue to roast for 1 hour 30 minutes.
4. Remove the pork from the roasting tray to a board to rest and pour off all but about 2 tablespoons of fat from the tray.
5. Stir the flour in with the vegetables and cook until you have a mushy, dark amber paste, then splash in the cider and bubble down to a thick paste again.
6. Pour in the stock and simmer everything for 8–10 minutes until you have thickened gravy. Strain the sauce into a saucepan, pushing as much puréed apple as you can through the sieve. Simmer again and season to taste.
7. Carve the pork loin, with crackling attached, into slices and serve with the apple and cider gravy.

Myffins mwyar a hadau

Myffins maethlon ar gyfer brecwast neu unrhyw adeg o'r dydd! Defnyddiwch unrhyw aeron tymhorol fel llus, mafon neu fwyar Mair.

Digon ar gyfer 12 myffin

CYNHWYSION
- 80g menyn
- 200g iogwrt Groegaidd
- 1 banana mawr aeddfed
- 1 wy mawr
- 1 llwy de rhin fanila
- 100g siwgr brown golau
- 200g gwenith yr Almaen neu flawd cyflawn
- 50g ceirch
- 1 llwy de powdr pobi
- ½ llwy de soda pobi
- 75g datys heb gerrig, wedi'u torri
- 100g mwyar duon

Topin
- 2 lwy fwrdd siwgr demerara
- 50g naddion almon
- 2 lwy fwrdd hadau fel hadau sesame, pabi, pwmpen neu flodyn haul

DULL
1. Cynheswch y popty i 160°C / 140°C Ffan / Nwy 3. Leiniwch hambwrdd myffins â chasys myffins neu bapur pobi.
2. Rhowch y menyn meddal, yr iogwrt, y banana wedi'i dorri'n dalpiau, yr wy, y fanila a'r siwgr mewn powlen prosesydd bwyd a'u cymysgu'n dda tan fod y gymysgedd yn ffurfio cytew.
3. Ychwanegwch y blawd, y ceirch, y powdr pobi a'r soda pobi a'u cymysgu tan fod y cyfan wedi cyfuno. Torrwch y datys ac ynghyd â'r mwyar duon, cymysgwch nhw i mewn yn ysgafn â llwy.
4. Rhowch y gymysgedd yn y casys myffins. Cymysgwch gynhwysion y topin gyda'i gilydd, yna ei sgeintio'n gyfartal dros y myffins.
5. Pobwch y myffins am 20–25 munud tan eu bod wedi'u coginio, yna gadewch iddyn nhw oeri ar yr hambwrdd ar rwyll fetel. Storiwch nhw mewn cynhwysydd wedi'i selio.

Blackberry seeded muffins

These nutritious muffins are perfect for breakfast or any time of the day! Use any seasonal berries – blueberries, raspberries and mulberries all work well.

Makes 12 muffins

INGREDIENTS
- 80g salted Welsh butter
- 200g Greek style yoghurt
- 1 large ripe banana
- 1 tsp vanilla essence
- 1 large egg
- 100g light brown sugar
- 200g spelt or wholemeal flour
- 50g rolled oats
- 1 tsp baking powder
- ½ tsp bicarbonate of soda
- 100g blackberries
- 75g pitted dates

For the topping
- 2 tbsps demerara sugar
- 50g flaked almonds
- 2 tbsps seeds such as sesame, poppy, pumpkin or sunflower

METHOD
1. Preheat the oven to 160°C / 140°C Fan / Gas 3. Line a muffin tray with muffin cases or baking paper.
2. Put the softened butter, yoghurt, banana cut into chunks, egg, vanilla and sugar into the bowl of a food processor and beat well until the mixture forms a batter.
3. Stir in the flour, oats, baking powder and bicarbonate of soda until just combined. Chop the dates and, along with the blackberries, gently mix into the mixture with a spoon.
4. Spoon the mixture into the muffin cases. Mix the topping ingredients together then sprinkle evenly over the muffins.
5. Bake for 20–25 minutes until cooked then leave to cool in the tray on a wire rack. Store in an airtight container.

Hufen iâ mwyar Mair

Does dim angen peiriant arbennig i wneud yr hufen iâ syml a hufennog yma, a gellir newid y ffrwyth yn ôl y tymor.

CYNHWYSION
- 250g mwyar Mair
- 2 lwy fwrdd siwgr mân
- 600ml hufen dwbl
- 1 tun 397g llaeth tew
- 2 lwy de rhin fanila

DULL

1. Rhowch y mwyar, y siwgr a 2 lwy fwrdd o ddŵr mewn sosban dros wres cymedrol a'u gadael i goginio am ryw 7–8 munud tan fod y mwyar wedi digoni. Rhannwch y mwyar yn ddau a rhoi un hanner mewn hylifwr neu brosesydd bwyd a'u cymygsu tan eu bod yn llyfn, yna eu hychwanegu at weddill y mwyar. Gadewch iddyn nhw oeri.
2. Rhowch yr hufen, y llaeth tew a'r rhin fanila mewn powlen fawr a'u chwyrlïo tan fod y gymysgedd yn weddoll gadarn ond yn cwympo yn rhwydd oddi ar y llwy wrth ei chodi.
3. Rhowch hanner y gymysgedd hufen mewn cynhwysydd addas i'r rhewgell – tua 12 x 20cm a rhyw 6cm o ddyfnder. Rhowch draean o'r saws mwyar ar ei ben a rhoi gweddill yr hufen ar ben y saws. Rhowch hanner y mwyar sy'n weddill ar ben yr hufen a throi'r cyfan yn ofalus i greu crychau. Rhowch haenen o bapur gwrthsaim ar ei ben cyn cau'r clawr a'i roi yn y rhewgell am 6–8 awr neu dros nos.
4. Tynnwch yr hufen iâ o'r rhewgell ryw hanner awr cyn ei weini a rhoi llwyaid o weddill y mwyar ar ei ben.

Mulberry ripple ice cream

No need for any special equipment to make this simple, creamy ice cream and you can vary the recipe by using any seasonal fruit.

INGREDIENTS
- 250g mulberries
- 2 tbsps caster sugar
- 600ml double cream
- 1 x 397g tin condensed milk
- 2 tsps vanilla essence

METHOD

1. Put the mulberries and sugar along with 2 tablespoons of water in a saucepan over a medium heat, and leave to cook for 7–8 minutes until the mulberries have cooked but are still retaining their shape. Divide the mixture in half and liquidise one half until smooth then add to the other half. Leave to cool.
2. Pour the cream, condensed milk and vanilla essence into a large bowl and whisk until stiff and until a spoonful falls easily off the spoon.
3. Pour half the cream into a 12 x 20cm x 6cm deep container suitable for the freezer and pour a third of the mulberry sauce over, swirling gently for a ripple effect. Repeat with the rest of the mixture (keeping half of the mulberry sauce to serve), finishing with the mulberry ripple. Cover with a layer of greaseproof paper, close the lid and freeze for 6–8 hours or overnight.
4. Remove from the freezer at least 30 minutes before serving and pour over the mulberry sauce to serve.

Hufen iâ ciwi a chnau coco

Mae'n anodd credu bod y ciwi sy'n tyfu yn y Gerddi Botaneg wedi dod o Seland Newydd yn wreiddiol! Mae modd addasu'r melyster yn ôl aeddfedrwydd y ffrwythau.

Digon i 4

CYNHWYSION
- 8 ciwi aeddfed
- 4 llwy fwrdd mêl
- 1 llwy fwrdd sudd lemon neu leim
- 4 llwy fwrdd hufen cnau coco

DULL
1. Pliciwch a thorri'r ciwi yn sleisys a'u rhoi ar hambwrdd pobi wedi'i leinio a'u rhewi am o leiaf awr.
2. Rhowch y ciwi mewn hylifydd neu brosesydd gyda'r mêl, y sudd lemon neu leim a'r hufen cnau coco a'u cymysgu tan fod y cyfan yn llyfn ac yn hufennog.
3. Gweinwch yr hufen iâ yn syth, neu ei roi i rewi mewn cynhwysydd addas i'r rhewgell i'w fwyta rywbryd eto.

Kiwi coconut ice cream

I was a little surprised when I came across kiwis grown in the Botanic Gardens having originated from New Zealand! Adjust the sweetness depending on the ripeness of the fruit.

Serves 4

INGREDIENTS
- 8 ripe kiwi fruit
- 4 tbsps honey
- 1 tbsp lime or lemon juice
- 4 tbsps coconut cream

METHOD
1. Peel and slice the kiwis then put on a lined baking sheet and freeze for at least an hour.
2. Put into a blender or food processor and blend with the honey, the lemon or lime juice and coconut cream until smooth and creamy.
3. Serve immediately or freeze in a freezable container to eat later.

Jam eirin duon a jin eirin duon bach

Dyma un o fy hoff fathau o jam, gydag atgofion melys o'i fwyta gyda bara cartref ar ôl dychwelyd o'r ysgol! Mae'r ffrwyth ar gael ddiwedd yr haf a dechrau'r hydref.

Digon ar gyfer 6–8 jar, gan ddibynnu ar eu maint

CYNHWYSION
- 2kg eirin duon
- 1.6kg siwgr bras neu siwgr cadw
- 150ml jin eirin duon bach

DULL
1. Golchwch y ffrwythau gan waredu'r coesynnau a'u rhoi mewn sosban fawr drom neu sosban jam gyda 300ml o ddŵr. Dewch â'r cyfan i'r berw, rhowch gaead ar ei ben a gadael iddo fudferwi am 15 munud gan ei droi bob hyn a hyn tan fod yr eirin yn feddal.
2. Yn y cyfamser, golchwch y potiau jam a'u rhoi ar hambwrdd pobi yn y popty ar wres isel, 120°C / 100°C Ffan / Nwy ½, tan eu bod yn gynnes ac yn sych.
3. Arllwyswch y siwgr ar ben y ffrwythau gan eu troi dros wres isel tan fod y siwgr wedi toddi i gyd.
4. Trowch y gwres yn uwch a gadewch i'r cyfan ferwi'n gryf a chyflym am 10 munud tan fod y gwres wedi cyrraedd 105°C ar thermomedr siwgr, yna ychwanegwch y jin a'i droi'n dda.
5. Rhowch blât bach yn y rhewgell, ac unwaith y bydd wedi oeri profwch a yw'r jam yn barod trwy roi llwyaid ohono ar y plât. Tynnwch eich bys drwyddo ac os yw'n rhychu, mae'r jam yn barod.
6. Tynnwch unrhyw sgim o wyneb y jam a gwaredu unrhyw gerrig sydd wedi codi i'r wyneb.
7. Gadewch iddo oeri er mwyn gadael i'r ffrwythau setlo (tua 15 munud), yna arllwyswch y jam i'r potiau cynnes, rhoi caead ar eu pennau, eu labelu gyda'r dyddiad a'u cadw mewn lle tywyll, oer.

Damson and sloe gin jam

This is one of my favourite jams, with fond memories of eating it on home-made bread and butter after school. You'll find damsons at the end of summer and early autumn.

Makes 6–8 jars depending on their size

INGREDIENTS
- 2kg damsons
- 1.6kg granulated or preserving sugar
- 150ml sloe gin

METHOD
1. Wash the fruit, remove the stalks and put in a large heavy-based saucepan or preserving pan with 300ml of water. Bring to a boil, cover and simmer for 15 minutes, stirring occasionally until the fruit is soft.
2. Meanwhile, wash and sterilise the jam jars by putting them on a baking sheet in an oven preheated to 120°C / 100°C Fan / Gas ½ to warm and dry completely.
3. Then pour the sugar into the saucepan, stirring until the sugar has dissolved over a gentle heat.
4. Bring to a full rolling boil and boil rapidly for 10 minutes until it reaches 105°C on a sugar thermometer, then pour in the gin and stir well.
5. Meanwhile, put a small plate to chill in the freezer and once chilled, test if the jam is set by spooning a little onto the plate. Drag your finger through the jam and if it wrinkles it is ready.
6. Skim if necessary and remove any of the stones which have floated to the surface.
7. Allow to cool so the fruit settles (around 15 minutes) then put into the warm jars, cover, label with the date and keep in a cool, dark place.

Sgons llaeth enwyn

Mae'r sgons yn blasu ar eu gorau ar y diwrnod y maen nhw'n cael eu coginio. Byddai Mam yn ychwanegu croen oren neu lemon, neu gallwch ychwanegu 75g o resins neu syltanas. Partner perffaith i jam cartref!

Digon ar gyfer 12 sgon

CYNHWYSION
- 450g blawd codi
- 1 llwy de halen
- ½ llwy de powdr pobi
- 125g menyn oer, heb halen
- 75g siwgr mân
- 1 wy mawr, wedi'i guro
- 250ml llaeth enwyn neu laeth neu iogwrt naturiol

DULL
1. Cynheswch y popty i 200°C / 180°C Ffan / Nwy 6. Irwch hambwrdd pobi.
2. Hidlwch y blawd, yr halen a'r powdr pobi i bowlen, yna rhwbio'r menyn tan fod y gymysgedd yn debyg i friwsion bara, ac ychwanegu'r siwgr. Cadwch lwyaid o'r wy wedi'i guro i'r naill ochr ac ychwanegu llwyaid o'r llaeth enwyn ato i wneud sglein wy, a chymysgu'r wy a'r llaeth enwyn sy'n weddill gyda'i gilydd. Ychwanegwch y gymysgedd hon at y blawd a'u cymysgu'n ysgafn tan fod gennych does cadarn, ond heb fod yn ludiog. Peidiwch â gorgymysgu! Dylai'r ansawdd fod rhwng cymysgedd cacen a chrwst.
3. Rhowch y toes ar fwrdd wedi'i orchuddio â blawd a'i batio'n ysgafn tan ei fod yn 3cm o drwch. Rowch dorrwr 7cm yn y blawd a'i ddefnyddio i dorri'r sgons. Rhowch nhw ar hambwrdd pobi a'u brwsio â'r sglein wy.
4. Pobwch y sgons am 15–20 munud tan eu bod wedi codi ac yn euraid. Rhowch nhw ar rwyll fetel i oeri.

Buttermilk scones

Scones are best eaten on the same day. Mam would often add the zest of a lemon or orange or, alternatively, add 75g of raisins or sultanas. The perfect partner for a home-made jam!

Makes 12 scones

INGREDIENTS
- 450g self-raising flour
- 1 tsp salt
- ½ tsp baking powder
- 125g chilled unsalted butter
- 75g caster sugar
- 1 large egg, beaten
- 250ml buttermilk or milk or natural yoghurt

METHOD
1. Preheat the oven to 200°C / 180°C Fan / Gas 6. Lightly grease a baking tray.
2. Sift the flour, salt and baking powder into a bowl then rub in the butter until the mixture resembles breadcrumbs, then add the sugar. Keep a spoonful of the beaten egg to one side and add a spoonful of the milk to make an egg glaze, and mix the remaining egg and buttermilk together. Add this mixture to the flour and gently mix until you have a stiff but not sticky dough. Do not overmix! The texture should be between a cake mixture and pastry.
3. Put on a floured surface and pat out gently until 3cm thick. Dip a 7cm cutter in flour and use to cut out the scones. Place on a baking tray and brush with the egg glaze.
4. Bake for 15–20 minutes until risen and golden brown. Transfer to a wire rack to cool.

Crymbl cnau gyda chwins a gellyg mewn gwin sbeislyd

Mae'n werth dechrau'r rysáit y diwrnod cynt gan adael y ffrwythau i fwydo yn y gwin sbeislyd dros nos. Gellid paratoi'r crymbl y diwrnod cynt hefyd. Defnyddiwch afalau coginio os nad oes cwins ar gael.

Digon i 8

CYNHWYSION

Crymbl
- 170g blawd cyflawn
- 150g ceirch
- 80g siwgr demerara
- 100g cnau cyll
- 150g menyn

Llenwad
- 1 oren
- 30g sinsir ffres
- 300ml gwin coch
- 50g siwgr mân
- 2 ffon sinamon
- 8 clof cyfan
- ¼ llwy de nytmeg wedi'i gratio
- 3 cwinsen
- 2 ellygen

DULL

1. Ar gyfer y crymbl, cymysgwch y blawd, y ceirch a'r siwgr mewn powlen. Tostiwch y cnau a'u torri'n fras cyn eu hychwanegu at y blawd.
2. Toddwch y menyn a'i arllwys dros y cynhwysion sych, yna cymysgwch y cyfan yn dda gan ychwanegu ambell lwyaid o ddŵr os yw'n edrych braidd yn sych.
3. Torrwch yr oren yn sleisys, pliciwch a thorri'r sinsir a'u hychwanegu i'r gwin, y siwgr a'r sbeisys mewn sosban. Cynheswch nhw am ryw 5 munud tan fod y siwgr wedi toddi. Pliciwch a thorri'r ffrwythau yn ddarnau bras. Rhowch y cwins yn y gwin a'u coginio am 20 munud cyn ychwanegu'r gellyg a'u coginio am 5 munud arall. Gadewch iddyn nhw oeri am rai oriau neu dros nos.
4. Cynheswch y popty i 180°C / 160°C Ffan / Nwy 4. Rhowch y ffrwythau wedi oeri gyda hanner y gwin mewn dysgl 26 x 20cm addas i'r popty a rhoi'r gymysgedd crymbl ar eu pen. Pobwch y cyfan am 40-45 munud tan fod y crymbl yn euraid a'r ffrwythau wedi'u coginio.
5. Rhowch weddill y gwin i ferwi a'i leihau'n syrop. Gweinwch y pwdin gyda chwstard neu hufen gydag ychydig o'r syrop.

Mulled quince and pear cob crumble

It's worth starting the crumble the day before so that the fruit can marinade overnight in the mulled wine. You can also prepare the topping the day before. Use cooking apples if quinces are not available.

Serves 8

INGREDIENTS

Crumble
- 170g wholemeal flour
- 150g oats
- 80g demerara sugar
- 100g hazelnuts
- 150g butter

Filling
- 1 orange
- 30g fresh ginger
- 300ml red wine
- 50g caster sugar
- 2 cinnamon sticks
- 8 whole cloves
- ¼ tsp grated nutmeg
- 3 quinces
- 2 pears

METHOD

1. To make the crumble mix the flour, oats and sugar in a bowl. Toast the hazelnuts and roughly chop then add to the flour mixture.
2. Melt the butter and pour over the dry ingredients and mix well, adding a few spoons of water if it looks too dry.
3. Slice the orange, peel and slice the ginger and add to the wine, sugar and spices in a saucepan. Heat until the sugar dissolves then simmer for 5 minutes. Peel and core the quince and pear and roughly chop into large chunks. Add the quince to the pan and cook gently for 20 minutes, then add the pears and cook for a further 5 minutes. Remove from the heat and leave to cool in the wine, either overnight or for a few hours.
4. Heat the oven to 180°C / 160°C Fan / Gas 4. Spoon the cooled fruit and half the mulled wine into a 26 x 20cm ovenproof dish and top with the crumble mixture. Bake for 40-45 minutes until the crumble is golden and all the fruit cooked.
5. Bring the remaining mulled wine to a boil, turn down the heat and simmer until the mixture reduces to a syrup. Serve the crumble with a drizzle of the syrup with custard or cream.

Tarten ffilo brandi afal

Dyma fersiwn o darten afal Ffrengig gyda gwirod arbennig brandi afal Dà Mhìle mewn crwst crimp. Gellir ei baratoi y diwrnod cynt a'i aildwymo cyn ei weini.

Digon i 6

CYNHWYSION

- 4 afal bwyta
- 50g prŵns neu ddatys
- Sudd ½ lemon
- 60ml brandi afal Dà Mhìle
- 3 llwy fwrdd + 60g siwgr mân
- 50g almonau mâl
- 250g crwst ffilo
- 100g menyn dihalen

DULL

1. Cynheswch y popty i 190°C / 170°C Ffan / Nwy 5. Irwch waelod ac ochrau tun tarten 26 x 4cm gyda gwaelod rhydd.
2. Pliciwch yr afalau, gwaredu'r canol a'u torri yn ddarnau 1cm. Torrwch y prŵns yn ddarnau yr un maint a rhoi'r ffrwythau mewn powlen. Ychwanegwch y sudd lemon, y siwgr a'r almonau a chymysgu'r cyfan.
3. Toddwch y menyn a gosod hanner y crwst yng ngwaelod y tun ar onglau gwahanol, gan frwsio pob darn o grwst gyda'r menyn a llwyaid o siwgr.
4. Llenwch y darten ffilo gyda'r afalau, yna plygwch y crwst sy'n weddill i orchuddio ochrau'r darten. Brwsiwch haenen arall o'r ffilo gyda menyn, ychwanegu llwy de go dda o siwgr a'i sgrwnsio'n fras cyn ei rhoi ar ben y darten. Gwnewch yr un peth gyda gweddill yr haenau ffilo gan adeiladu uchder wrth fynd ymlaen. Rhowch y tun ar hambwrdd pobi a choginio'r darten am 45 munud. Os yw'n brownio yn rhy gyflym gostyngwch y gwres i 10–20°C. Unwaith mae'r afalau wedi digoni a'r crwst yn euraid, tynnwch y darten o'r popty a'i rhoi ar blât gweini. Arllwyswch y brandi afal dros y darten, sgeintio siwgr eisin dros ei phen a'i gweini gyda *crème fraîche*.

Apple brandy filo tart

This is a version of a French apple tart flavoured with Dà Mhìle apple brandy and encased in a crisp pastry. It can be made a day ahead then reheated before serving.

Serves 6

INGREDIENTS

- 4 eating apples
- 50g pitted prunes or dates
- Juice of ½ lemon
- 60ml Dà Mhìle apple brandy
- 3 tbsps + 60g caster sugar
- 50g ground almonds
- 250g filo pastry
- 100g unsalted butter

METHOD

1. Heat the oven to 190°C / 170°C Fan / Gas 5. Grease the base and sides of a 26 x 4cm tart tin with a removable base.
2. Peel, core and cut the apples into 1cm pieces and chop the prunes into similar size pieces. Put the fruit in a bowl, pour over the lemon juice and mix in the sugar and ground almonds.
3. Melt the butter then layer half the filo sheets onto the base of the tin at different angles, leaving the pastry to hang over the edges and brushing each sheet with the melted butter and with a teaspoon of the sugar sprinkled over each sheet.
4. Fill the filo case evenly with the apples, then fold over the excess filo to cover the edges of the tart. With another sheet of filo brush with melted butter, sprinkle with a heaped teaspoon of sugar and roughly scrunch up then arrange on top of the apples. Repeat with the remaining sheets of pastry, building height as you go. Put the tin on a large baking sheet and cook for 45 minutes. If it colours too quickly reduce the heat by 10–20°C halfway through baking. Once the pastry is golden and the apples are cooked remove from the oven and slide onto a serving plate. Pour over the apple brandy, dust with icing sugar and serve with crème fraîche.

Cacen gytew afal

Dyma'r gacen ddelfrydol os oes digonedd o afalau bwyta yn yr ardd! Mae angen afal gweddol felys fel Cox, Braeburn neu Golden Pippin ond gellir ychwanegu rhagor o siwgr os yw'r afalau ychydig yn sur. Gweinwch y gacen i frecwast, te neu bwdin gyda *crème fraîche* neu hufen.

CYNHWYSION
- 50g blawd codi
- 1 llwy de powdr pobi
- Pinsiad o halen
- 2 lwy fwrdd siwgr
- 3 wy
- 100ml llaeth
- 20g menyn wedi toddi
- 1 llwy de rhin fanila
- 8–10 afal bwyta

DULL
1. Cynheswch y popty i 200°C / 180°C Ffan / Nwy 6 ac iro tun torth tua 25cm x 15cm.
2. Hidlwch y blawd, y powdr pobi a'r halen i mewn i bowlen ac ychwanegu'r siwgr.
3. Curwch yr wyau gyda chwisg, wedyn ychwanegu'r llaeth, y menyn a'r rhin fanila a chymysgu'r cyfan yn dda. Ychwanegwch y cynhwysion sych a chymysgu eto.
4. Pliciwch yr afalau, tynnu'r canol a'u torri'n sleisys tenau gyda chyllell neu fandolin cyn eu gosod mewn haenau yn y tun.
5. Arllwyswch y cytew dros yr afalau a'i bobi am 40–50 munud tan ei fod yn euraidd ac wedi coginio drwyddo.
6. Tynnwch y gacen o'r popty a gadael iddi oeri cyn sgeintio siwgr eisin dros ei phen.

Apple batter cake

This is the ideal cake to bake if you have a surplus of eating apples in the garden! You need a fairly sweet apple such as Cox, Braeburn or Golden Pippin although you can increase the amount of sugar if the apples are tart. Serve for breakfast, tea or as a dessert with crème fraîche or cream.

INGREDIENTS
- 50g self-raising flour
- 1 tsp baking powder
- 1 pinch salt
- 2 tbsps sugar
- 3 eggs
- 100ml milk
- 20g melted butter
- 1 tsp vanilla essence
- 8–10 eating apples

METHOD
1. Preheat the oven to 200°C / 180°C Fan / Gas 6 and grease and line a 25cm x 15cm loaf tin.
2. Sieve the flour, baking powder and salt into a bowl and mix in the sugar.
3. Whisk the eggs then pour over the milk, butter and vanilla essence. Add the flour mixture and mix until combined.
4. Peel and core the apples, then slice thinly with a knife or a mandoline and layer them in the tin.
5. Pour over the batter and bake for 40–50 minutes until cooked through and golden brown.
6. Remove and leave to cool and dust with icing sugar before serving.

Cacen fara

Mae defnyddio bara crystiog yn ychwanegu ansawdd crensiog i'r gacen hon sy'n seiliedig ar rysáit pwdin bara traddodiadol lle defnyddiwyd bara dros ben.

CYNHWYSION

- 500g hen dorth o fara gwenith cyflawn neu surdoes
- 500g cymysgedd o lugaeron a resins neu ffrwythau cymysg
- 85g croen candi
- 2 lwy fwrdd sbeis cymysg
- 1 afal Bramley mawr
- 500ml llaeth
- Croen 1 oren
- 2 wy mawr, wedi'u curo
- 150g siwgr *muscovado* golau
- 100g cnau cyll wedi'u tostio a'u torri
- 50g menyn wedi'i doddi
- 2 lwy fwrdd siwgr demerara

DULL

1. Torrwch y bara yn ddarnau maint tebyg a'u rhoi mewn powlen gymysgu fawr, yna ychwanegwch y ffrwythau, y croen candi a'r sbeis. Pliciwch a gratio'r afal a'i ychwanegu at y gymysgedd. Arllwyswch y llaeth dros y cyfan a throi'r gymysgedd gyda'ch dwylo, gan falu'r bara rhwng eich bysedd i'w dorri.
2. Cymysgwch groen yr oren gyda'r wyau a'u harllwys dros y bara a'r ffrwythau, yna cymysgwch y siwgr a'r cnau i mewn. Gadewch iddo fwydo am 20–30 munud.
3. Cynheswch y ffwrn i 180°C / 160°C Ffan / Nwy 4 ac arllwys y gymysgedd i ddysgl neu dun popty 30cm x 20cm wedi'i iro.
4. Arllwyswch y menyn wedi toddi dros y gymysgedd a gwasgaru'r siwgr demerara dros yr wyneb. Pobwch y gacen am 1½ awr tan ei bod yn euraid ac wedi coginio drwyddi.

Bread cake

Using a crusty bread such as sourdough adds extra texture to this recipe based on the traditional bread pudding where leftover bread was used.

INGREDIENTS

- 500g stale wholemeal or sourdough bread
- 500g mix of cranberries and raisins or mixed fruit
- 85g mixed peel
- 2 tbsps mixed spice
- 1 large Bramley apple
- 500ml milk
- Zest 1 orange
- 2 large eggs, beaten
- 150g light muscovado sugar
- 100g chopped toasted hazelnuts
- 50g melted butter
- 2 tbsps demerara sugar

METHOD

1. Tear the bread into even pieces and place in a large mixing bowl then add the fruit, mixed peel and spice. Peel and grate the apple and add to the mixture. Pour over the milk and stir with your hands, crushing the bread between your fingers to break it up.
2. Mix the zest into the eggs and pour over the bread and fruit, then mix in the sugar and nuts. Leave to soak for 20–30 minutes.
3. Preheat the oven to 180°C / 160°C Fan / Gas 4 and pour the mixture into a 30cm x 20cm greased ovenproof dish or tin.
4. Pour over the melted butter and scatter the demerara sugar over the surface. Bake for 1½ hours until golden and cooked through.

Gwirod jin dail ffigys

Mae modd defnyddio dail ffigys mewn sawl ffordd gan gynnwys eu lapio o gwmpas pysgod, reis a llysiau, ond mae'r blas cnau coco a fanila yn gwneud diod blasus!

CYNHWYSION
- 300g siwgr bras
- 7 deilen ffigys fawr
- 375ml jin sych

DULL
1. Golchwch a sterileiddio potel maint 750ml.
2. Rhowch y siwgr mewn sosban gyda 375ml o ddŵr a'i droi dros wres cymedrol tan fod y siwgr wedi toddi.
3. Rhowch y dail yn y syrop a'u berwi am 15–20 munud, yna eu tynnu o'r syrop a gadael iddyn nhw oeri cyn gwasgu unrhyw sudd ychwanegol i'r syrop a thaflu'r dail.
4. Arllwyswch y syrop i'r botel a thywallt y jin drosto. Rhowch gaead ar y botel a gadael y gwirod am o leiaf 6 mis. Fe fydd ar ei orau ar ôl 2 flynedd.
5. Gweinwch y gwirod dros iâ neu gyda sudd pinafal am goctel ecsotig!

Fig leaf gin liqueur

Fig leaves can be used in a variety of ways including as a wrap for fish, rice and vegetables, but their coconut and vanilla flavour makes a delicious liqueur!

INGREDIENTS
- 300g granulated sugar
- 7 large fig leaves
- 375ml dry gin

METHOD
1. Wash and sterilise a 750ml bottle.
2. Pour the sugar into a saucepan, add 375ml of water and stir over a medium heat until the sugar has dissolved.
3. Add the fig leaves to the syrup and boil for 15–20 minutes then remove, leave to cool and squeeze any surplus liquid over the syrup then discard the leaves.
4. Pour into the sterilised bottle and top with the gin, cover then store for a minimum of 6 months but ideally 2 years.
5. Simply serve over ice or make an exotic cocktail and add some pineapple juice.

Cordial riwbob a sinsir

Am ddiod i dorri syched gweinwch hwn dros iâ gyda dŵr neu win pefriog, neu gallwch ei ddefnyddio wrth wneud y gacen bob riwbob ar dudalen 168. Os ydych chi am ei gadw'n hirach ychwanegwch lwy de o asid sitrig.

CYNHWYSION
- 300g siwgr bras
- 1 oren
- 1 lemon
- Maint bawd o sinsir
- 500g riwbob

DULL
1. Rhowch y siwgr mewn sosban fawr gyda 400ml o ddŵr gan ei droi dros wres cymedrol tan fod y siwgr wedi toddi. Tynnwch groen yr oren a'r lemon a gwasgu sudd y ddau. Ychwanegwch y cyfan at y syrop.
2. Gratiwch y sinsir a thorri'r riwbob ac ychwanegu'r ddau i'r sosban, a'u mudferwi am 10–15 munud tan fod y riwbob wedi digoni.
3. Rhowch ridyll mân dros jwg wedi'i sterileiddio, addas i ddal gwres, yna arllwys y cyfan i'r jwg. Arllwyswch y sudd i boteli wedi'u sterileiddio a'u storio yn yr oergell am fis. Gweinwch y cordial gyda dŵr neu win pefriog.

Rhubarb ginger cordial

For a refreshing drink serve with sparkling wine or water or use in the rhubarb traybake on page 168. If you wish to preserve the cocktail for longer add a teaspoon of citric acid.

INGREDIENTS
- 300g granulated sugar
- 1 orange
- 1 lemon
- Thumb-sized piece of ginger
- 500g rhubarb

METHOD
1. Put the sugar in a large saucepan with 400ml of water and stir over a medium heat until the sugar has dissolved. Zest the rind of the orange and lemon and juice both, then add to the syrup.
2. Grate the ginger, chop the rhubarb and add both to the saucepan and simmer for around 10–15 minutes until the rhubarb is cooked.
3. Pour into a fine sieve over a sterilised heatproof jug, then pour into sterilised bottles and store in the fridge for 4 weeks. Serve topped with sparkling wine or water.

Cacen bob riwbob

Mae modd defnyddio unrhyw ffrwythau yn eu tymor ar gyfer y gacen yma, gan ddefnyddio cordial gwahanol flasau neu wirod ffrwythau yn lle'r cordial riwbob.

Digon i 8–10

CYNHWYSION

- 300g riwbob + 20g siwgr mân
- 200g menyn
- 180g siwgr mân
- 1 lemon
- 4–5 llwy fwrdd cordial riwbob
- 250g blawd codi
- 100g hufen sur neu iogwrt naturiol
- 3 wy
- 50g siwgr eisin

DULL

1. Irwch a leinio tun neu ddysgl bobi 20 x 25cm â phapur gwrthsaim, gan adael digon i hongian dros yr ochr er mwyn eich helpu i godi'r gacen wedi iddi goginio. Cynheswch y popty i 180°C / 160°C Ffan / Nwy 4.
2. Golchwch y riwbob a'i dorri yn ddarnau 5cm a'i roi mewn powlen gydag 20g o siwgr mân, troi'r cyfan a'i adael o'r neilltu.
3. Corddwch y menyn a'r siwgr yn hufen gyda chroen y lemon, yna ychwanegu 3 llwy fwrdd o'r cordial. Curwch yr wyau a'u hychwanegu at y gymysgedd yn raddol. Ychwanegwch hanner y blawd, yna cymysgu ac ychwanegu'r hufen a gweddill y blawd a chymysgu'r cyfan yn dda.
4. Rhowch y cytew yn y tun, llyfnhau'r wyneb gyda llwy a rhoi'r riwbob ar ei ben heb ei wasgu i'r cytew. Pobwch y cyfan am 40–45 munud tan fod y canol wedi'i goginio drwyddo, a gadael iddo oeri.
5. Cymysgwch y siwgr eisin gyda gweddill y cordial i wneud eisin trwchus y medrwch ei arllwys dros y gacen cyn ei thorri.

Rhubarb traybake

You can use any seasonal fruit for this cake, with different flavour cordials or fruity liqueurs instead of the rhubarb cordial.

Serves 8–10

INGREDIENTS

- 300g rhubarb + 20g caster sugar
- 200g butter
- 180g caster sugar
- 1 lemon
- 4–5 tbsps rhubarb cordial
- 3 eggs
- 250g self-raising flour
- 100g soured cream or natural yoghurt
- 50g icing sugar

METHOD

1. Grease and line a 20 x 25cm baking dish or tin with greaseproof paper, leaving enough overhang to help you lift it out once it's cooked. Preheat the oven to 180°C / 160°C Fan / Gas 4.
2. Wash the rhubarb and cut into 5cm chunks then add to a bowl with 20g of caster sugar, toss to coat and set aside.
3. Cream the butter, sugar and the zest of the lemon until pale and creamy then pour in three tablespoons of cordial. Whisk the eggs and gradually add to the mixture. Add in half the flour, then mix and pour in the soured cream followed by the remaining flour.
4. Spoon the batter into the tin, smooth the surface with a spoon then put the rhubarb on top without pushing it into the batter. Bake for 40–45 minutes until cooked in the centre then remove and leave to cool.
5. To make the icing, mix the icing sugar with the remaining cordial to make a thick but pourable glaze and drizzle over the cooked cake before slicing.

Briwfwyd rym, oren a sinsir

Mae'n werth paratoi'r briwfwyd o leiaf mis cyn y Nadolig er mwyn i'r blasau aeddfedu.

Digon ar gyfer tua 3 jar 350g

CYNHWYSION

- 3 pelen coesyn sinsir mewn syrop
- 1 afal coginio mawr (tua 250g)
- 75g menyn
- 500g ffrwythau sych cymysg (resins, syltanas, cwrens ayb)
- 75g llugaeron
- Sudd a chroen 2 oren
- 125g siwgr brown golau *muscovado*
- ½ llwy de sinamon
- 1 llwy de sinsir
- Nytmeg ffres wedi'i gratio
- Llond llwy de sbeis cymysg
- 125ml rym sbeislyd
- 50g cnau Ffrengig

DULL

1. Torrwch y sinsir yn fân a gratio'r afal a'u rhoi mewn sosban gyda'r menyn, y ffrwythau sych, y llugaeron, croen a sudd yr orenau, y siwgr, y sbeisys a'r rym dros wres isel am tua 30 munud tan fod yr afal wedi'i goginio a'r sudd wedi anweddu.
2. Tostiwch y cnau yn y popty neu mewn padell sych a'u torri'n fras, yna eu hychwanegu at weddill y cynhwysion a'u cymysgu'n dda.
3. Llenwch tua 3 phot jam wedi'u sterileiddio â'r gymysgedd, rhowch gaead ar eu pennau a'u cadw mewn lle oer am o leiaf mis cyn eu defnyddio.

Rum, orange and ginger mincemeat

Best made at least a month before Christmas to let the flavours mature.

Makes around 3 350g jars

INGREDIENTS

- 3 balls stem ginger
- 1 large cooking apple (about 250g)
- 75g butter
- 500g dried mixed fruit (raisins, sultanas, currants etc.)
- 75g cranberries
- Juice and zest of 2 oranges
- 125g light muscovado sugar
- ½ tsp cinnamon
- 1 tsp ground ginger
- Freshly grated nutmeg
- 1 tsp mixed spice
- 125ml spiced rum
- 50g walnuts

METHOD

1. Finely chop the ginger and grate the apple and put in a saucepan with the butter, dried fruit, cranberries, zest and juice of the oranges, sugar, spices and rum over a low heat for 30 minutes until the apple has cooked and juices evaporated.
2. Toast the walnuts in the oven or a dry frying pan and roughly chop and mix into the mincemeat.
3. Fill sterilised jars with the mincemeat, cover and keep in a cool place for at least a month before using.

Mins peis macarŵn oren a rym Digon i 15–18

CYNHWYSION

Crwst sbeis siwgr brown
- 150g menyn dihalen
- 200g blawd plaen
- 1 llwy de sinsir
- 1 llwy de sinamon
- 40g siwgr brown golau
- 1 melynwy

Llenwad
- 225g briwfwyd rym, oren a sinsir
- 50ml rym
- Croen 1 oren
- 2 wyn wy
- 75g siwgr mân
- 100g cnau almon mâl

Dyma rysáit ysgafnach na mins peis traddodiadol gyda thopin macarŵn meddal. Fe allwch ddefnyddio sudd yr oren neu wirod arall fel brandi, wisgi neu sieri yn lle'r rym.

DULL

1. Ar gyfer y crwst, rhwbiwch y menyn oer i'r blawd a'r sbeisys tan fod y gymysgedd fel briwsion bras, yna ychwanegwch y siwgr, y melynwy a 2–3 llwy fwrdd o ddŵr a chymysgu'r cyfan nes iddo ffurfio pelen. Lapiwch y crwst mewn clingffilm a'i oeri yn yr oergell am awr.
2. Rholiwch y crwst a'i dorri'n gylchoedd 7.5cm i lenwi tun cacennau.
3. Cynheswch y popty i 190°C / 170°C Ffan / Nwy 5.
4. Cymysgwch y briwgig, y rym a chroen yr oren mewn powlen a llenwch y darnau crwst gyda'r briwfwyd.
5. Curwch y 2 wyn wy tan eu bod yn gadarn ond ddim yn sych. Ychwanegwch y siwgr i'r wyau gan droi yn ofalus, ychydig ar y tro. Plygwch yr almonau i'r gymysgedd yn ofalus. Rhowch y gymysgedd mewn bag eisio a'i pheipio dros bob mins pei. Gallwch ddefnyddio dwy lwy i rannu'r gymysgedd yn gyfartal, gan orchuddio'r briwgig yn dda.
6. Pobwch nhw am tua 15 munud tan y byddan nhw'n frown euraid, yna gadewch iddyn nhw oeri ar rwyll fetel. Sgeintiwch siwgr eisin dros y mins peis cyn eu gweini.

Rum orange macaroon mince pies Makes about 15–18

INGREDIENTS

Spiced brown sugar pastry
- 150g unsalted butter
- 200g plain flour
- 1 tsp ground ginger
- 1 tsp cinnamon
- 40g light brown sugar
- 1 egg yolk

Filling
- 225g rum, orange and ginger mincemeat
- 50ml rum
- Zest 1 orange
- 2 egg whites
- 75g caster sugar
- 100g ground almonds

These are a lighter version of the traditional mince pie with a soft macaroon topping. You can use the juice of the orange or another spirit such as brandy, whisky or sherry to replace the rum.

METHOD

1. For the pastry, rub the cubed, chilled butter into the flour and spices until the mixture is like breadcrumbs then add the sugar, egg yolk and 2–3 tablespoons of water and bind to make a ball. Wrap in cling film and refrigerate for an hour.
2. Roll out the chilled pastry, stamp out rounds with a 7.5cm cutter and line a bun tin.
3. Heat the oven to 190°C / 170°C Fan / Gas 5.
4. Mix the mincemeat, rum and the orange zest and stir well. Fill the pastry cases with the mincemeat.
5. Whisk the egg whites until stiff but not dry. Whisk in the sugar a little at a time. Fold in the ground almonds. Put the mixture into a piping bag and pipe over each mince pie. Alternatively, use two spoons and divide the mixture equally, covering the mincemeat well.
6. Bake in a preheated oven for about 15 minutes until golden, then leave to cool on a wire rack. Dust with a little icing sugar and serve warm or cold.

Mynegai

Brecwast

Burrito brecwast Cymreig	68
Ffa Patagonia	27
Ffritata tatws newydd, cig moch a bara lawr	99
Myffins mwyar a hadau	145

Cacennau

Cacen bob riwbob	168
Cacen fara	163
Cacen gytew afal	160
Mins peis macarŵn oren a rym	172
Myffins mwyar a hadau	145
Sgons llaeth enwyn	153

Caws

Burrito brecwast Cymreig	68
Ffritata tatws newydd, cig moch a bara lawr	99
Gratin seleriac, tatws a madarch garlleg	82
Pesto topiau moron	81
Salad canol gaeaf	56
Selsig Morgannwg gyda bara lawr	24
Strwdel pwmpen a ffeta	103
Tarten cennin, cennin syfi a chaws	28
Tarten werdd	125
Torth gnau a dail bresych	52
Wyau Sir Fôn	33

Cig a helgig

Cig eidion Cymreig gyda chnau castan	47
Cyrri iogwrt cyw iâr	122
Cyw iâr rhost piri piri	96
Ffesant a ffigys o'r popty	136
Hash cyw iâr, chorizo a chêl	59
Hwyaden wyllt rost gydag eirin ac orenau sbeislyd	133
Lwyn o borc rhost Cymreig gyda seidr o Gymru	140
Pilaff ffesant a winwns sbeislyd	42
Pryd pob selsig helgig a phwmpen	100
Salad colomen, oren a betys	78
Salad cyw iâr ac eirin gwlanog	129
Selsig a chennin mewn cytew seidr	34
Selsig, ffa a seidr mewn un potyn	37
Stêc cig carw gyda saws medd mwyar duon	139
Tsili cig carw a ffa du	41

Diodydd

Cordial riwbob a sinsir	166
Gwirod jin dail ffigys	165

Jam

Briwfwyd rym, oren a sinsir	171
Jam eirin duon	150
Jam tomato a tsili rhost	121

Llysieuol

Bresych coch sbeislyd a llugaeron	55
Byrgers coch	77
Byrgers gwyrdd	114
Cawl pannas, afal a seidr	87
Cinio nŵdls mewn pot	48
Creision cêl	60
Dail betys, garlleg a tsili wedi'u tro-ffrio	74
Dhal blodfresych, moron ac ysbigoglys	64
Ffa Patagonia	27
Gratin seleriac, tatws a madarch garlleg	82
Pakora cêl	63
Pesto topiau moron	81
Pissaladière	38
Salad canol gaeaf	56
Salad Carys	113
Salad *panzanella*	118
Salad pasta tomatos gyda dresin pupur coch rhost	117
Salad tatws newydd a pherlysiau gwyrdd	91
Selsig Morgannwg gyda bara lawr	24
Strwdel pwmpen a ffeta	103
Swper o lysiau gwraidd rhost	88
Tarten cennin, cennin syfi a chaws	28
Tarten werdd	125
Torth gnau a dail bresych	52
Wyau Sir Fôn	33

Pwdinau

Cacen bob riwbob	168
Crymbl cnau gyda chwins a gellyg mewn gwin sbeislyd	155
Hufen iâ ciwi a chnau coco	149
Hufen iâ mwyar Mair	146
Tarten ffilo brandi afal	159

Pysgod

Brithyll a Ham Caerfyrddin gydag ysbigoglys	67
Cacennau macrell wedi'u mygu	92
Swper macrell Ceinewydd	95

Salad

Salad canol gaeaf	56
Salad Carys	113
Salad colomen, oren a betys	78
Salad cyw iâr ac eirin gwlanog	129
Salad *panzanella*	118
Salad pasta tomatos gyda dresin pupur coch rhost	117
Salad tatws newydd a pherlysiau gwyrdd	91

Index

Breakfast

Blackberry seeded muffins	145
New potato, bacon and laver frittata	99
Patagonia beans	27
Welsh breakfast burrito	68

Cakes

Apple batter cake	160
Blackberry seeded muffins	145
Bread cake	163
Buttermilk scones	153
Rhubarb traybake	168
Rum orange macaroon mince pies	172

Cheese

Anglesey eggs	33
Cabbage leaf and nut loaf	52
Carrot top pesto	81
Celeriac, potato and garlic mushroom gratin	84
Glamorgan laver sausages	24
Leek, chive and cheese tart	31
Midwinter salad	56
New potato, bacon and laver frittata	99
Pumpkin and feta strudel	104
Summer green tart	126
Welsh breakfast burrito	68

Game and meat

Chicken and peach salad	129
Chicken, chorizo and kale hash	59
Chicken yoghurt curry	122
Figgy pheasant traybake	136
Game sausage and squash traybake	100
Pigeon, orange and beetroot salad	78
Piri piri roast chicken	96
Roast loin of Welsh pork with Welsh cider	142
Roast mallard with spiced plums and oranges	133
Sausage and leeks in cider batter	34
Sausage, bean and cider one pot	37
Slow-cooked Wesh beef with chestnuts	47
Spiced pheasant and onion pilaf	44
Venison and black bean chilli	41
Venison steak with blackberry mead sauce	139

Drinks

Fig leaf gin liqueur	165
Rhubarb ginger cordial	166

Jam

Damson and sloe gin jam	150
Roast tomato chilli jam	121
Rum, orange and ginger mincemeat	171

Vegetarian

Anglesey eggs	33
Beetroot and bean burgers	77
Beetroot leaves, garlic and chilli stir-fry	74
Cabbage leaf and nut loaf	52
Carrot top pesto	81
Carys' salad	113
Cauliflower, carrot and spinach dhal	64
Celeriac, potato and garlic mushroom gratin	84
Chilli and lime courgette 'burgers'	114
DIY pot noodle	48
Glamorgan laver sausage	24
Kale crisps	60
Kale pakoras	63
Leek, chive and cheese tart	31
Midwinter salad	56
New potato and green herb salad	91
Panzanella	118
Parsnip, apple and cider soup	87
Patagonia beans	27
Pissaladière	38
Pumpkin and feta strudel	104
Roast root vegetable supper	88
Spiced red cabbage with cranberries	55
Summer green tart	126
Tomato pasta salad with roast red pepper dressing	117

Fish

Carmarthen Ham trout with spinach	67
New Quay mackerel supper	95
Smoked mackerel fishcakes	92

Pudding

Apple brandy filo tart	159
Kiwi coconut ice cream	149
Mulberry ripple ice cream	146
Mulled quince and pear cob crumble	156
Rhubarb traybake	168

Salad

Carys' salad	113
Chicken and peach salad	129
Midwinter salad	56
New potato and green herb salad	91
Panzanella	118
Pigeon, orange and beetroot salad	78
Tomato pasta salad with roast red pepper dressing	117

www.ylolfa.com